Schöne Pelargonien

Christa Hofmann

Schöne Pelargonien

(Geranien)

60 Farbfotos
9 Zeichnungen

E.U.
VERLAG
EUGEN
ULMER

Titelfoto:
Sorten der Gruppe 'Ville de Paris' dekorativ als Bäumchen gestaltet

Seite 2:
Pelargonien und Rosen als Fensterschmuck

Die Deutsche Bibliothek — CIP-Einheitsaufnahme

Hofmann, Christa:
Schöne Pelargonien (Geranien) / Christa Hofmann. —
Stuttgart : Ulmer, 1992
ISBN 3-8001-6508-2

Wollgrasweg 41, 7000 Stuttgart 70 (Hohenheim)
Printed in Germany
Lektorat: Dr. Angelika Eckard
Herstellung: Heide Siegemund
Einbandgestaltung: Alfred Krugmann
Zeichnungen: E. Halwaß
Satz: Typobauer Filmsatz GmbH, Ostfildern 3
Druck und Bindung: Passavia Druckerei GmbH, Passau

Vorwort

Die Pelargonie – volkstümlich auch Geranie genannt – ist Dank ihres Arten- und Sortenreichtums, ihrer Temperaturtoleranz, Blühdauer und Blühwilligkeit, ihrer Wuchseigenschaften und Attraktivität wie keine andere Pflanze geeignet, in unseren Lebensräumen als Balkon- und Fensterschmuck, zur Grabbepflanzung und für Rabatten- und Beetbepflanzungen verwendet zu werden. Das vorliegende Buch wendet sich an alle Blumenfreunde, Laien und Liebhaber, die mehr über ihre bevorzugte Topfpflanze, die Pelargonie, erfahren möchten. Die Aussagen in diesem Buch stützen sich auf eigene, zwanzigjährige Erfahrungen in einem Zucht- und Produktionsbetrieb für Pelargonien. Als Züchterin von vielen bedeutenden PAC-Sorten, nicht nur für Europa, sondern auch für Amerika und Israel, durchlebt man alle Phasen von der Entstehung über die Gesunderhaltung, gärtnerische Produktion bis hin zur Prüfung der Sommereignung. Wie glücklich die Beschäftigung mit Pelargonien stimmen kann, soll in diesem Buch durch die Schilderung von Ergebnissen in der Kulturführung erreicht werden. Wie schön z. B. mobile Gärten durch die Beet- und Balkonpflanze Nummer eins sein können, demonstriert eine kleine Auswahl Fotos.

Der Erwerbsgartenbau möge mir verzeihen, wenn ich dem interessierten Laien Empfehlungen zur Vermehrung oder eigenen Überwinterung gebe. Kann doch die Beschäftigung mit der Pelargonie dazu beitragen, daß Menschen kreativ tätig sind und beginnen, sich für die Anschaffung weiterer Exemplare, die Pflege im umfassenden Sinne, die Pflanzung, Gestaltungsformen und Verwendung zu interessieren.

Die Pelargonie als Königin der Balkone verträgt sich ausgezeichnet mit vielen anderen Pflanzenarten. Diese können gleichberechtigt angeordnet werden oder als schmückendes Beiwerk dienen. Auch diese Benachbarung oder Kombination will gelernt sein. Die Pelargonienarten gehören historisch zu den ältesten Topfpflanzen in unseren Gärtnereien. Man muß sie vor Krankheiten und Schaderregern schützen und ihnen Beschädigungen ersparen. All das setzt Kenntnisse voraus.

Die in diesem Buch gegebenen Sortenhinweise sollen eine Orientierungshilfe sein. Zur Zeit besitzen allein in Deutschland mehr als 200 vegetativ vermehrbare Pelargoniensorten einen hohen Marktwert. So erfährt der Blumenfreund in den Ausführungen über das Werk der Züchtung, auf welche Merkmale er beim Kauf von Pelargonien achten sollte, um ungetrübte Freude mit ihnen zu haben. Auf die Nennung von Pflanzenschutzmitteln wurde weitgehend verzichtet, da sie aus unterschiedlichen Gründen einem ständigen Wechsel unterworfen sind.

Mein Dank gilt all den GärtnerInnen und Kollegen, die mich über 20 Jahre beim Umgang mit Pelargonien begleiteten und an ihren Erkenntnissen und Erfahrungen teilhaben ließen. Meinem Ehemann, Günter Hofmann, bin ich dankbar, daß er immer kritisch blieb und mich zu dem Vorhaben ermutigte. Ein herzliches Dankeschön gehört auch der Lektorin, Frau Dr. Angelika Eckhard, die immer Zeit für mich hatte. Mit Dank erwähnt sei Frau Heike Demmler, die das Manuskript in den Computer übertrug.

Christa Hofmann
Dresden, Frühjahr 1992

Die beliebte hängende Pelargonie, hier schmückt sie einen Treppenaufgang

Inhaltsverzeichnis

Ausgehöhlter Holzstamm mit 'Feuer-Cascade' und gelb blühenden Studentenblumen

Pelargonien – Vielfalt an Formen und Farben

Zur Familie Geraniaceae gehören fünf Gattungen

Pelargonien, in anderen Landschaften auch Geranien genannt, gehören zu den beliebtesten Topfpflanzen der Welt. Die bestehenden Formen und Sorten sind fast immer künstliche Hybriden, die durch züchterische Maßnahmen entstanden sind. Als Ausgangsmaterial dienten den Züchtern Arten (botanisch auch Spezies genannt) aus der Gattung *Pelargonium*, die im System des Pflanzenreiches zur Ordnung Geraniales und der Familie Geraniaceae gehören. Botaniker zählen wegen gemeinsamer diagnostischer Merkmale fünf Gattungen zu dieser Familie. Alle fünf kommen in Südafrika vor und besitzen typisch zugespitzte Spaltfrüchte mit fünf Fächern, in denen sich Teilfrüchtchen mit je einem Samen entwickeln. Weil alle diese Spaltfrüchte die Form eines Kranich- oder Storchschnabels besitzen, ist der Trivialname für Pelargonien auch »Storchschnabel«.

Die fünf Gattungen der Familie *Geraniaceae* heißen:

Geranium, nach dem griechischen geranos, das Kranich bedeutet (»Kranichschnabel«).

Erodium, nach dem griechischen erodios, dem Reiher genannt (»Reiherschnabel«).

Monsonia, die nach der Lady Anne Monson benannt wurde.

Sarcocaulon, nach dem griechischen sarco – fleischig und caulon – Stengel benannt und als »Buschmannskerzen« bezeichnet.

Pelargonium, nach dem griechischen Wort pelargos, der Storch (»Storchschnabel«) genannt. Sie enthält etwa 280 Arten.

Aufbau einer *Geranium*- und einer *Pelargonium*-Blüte

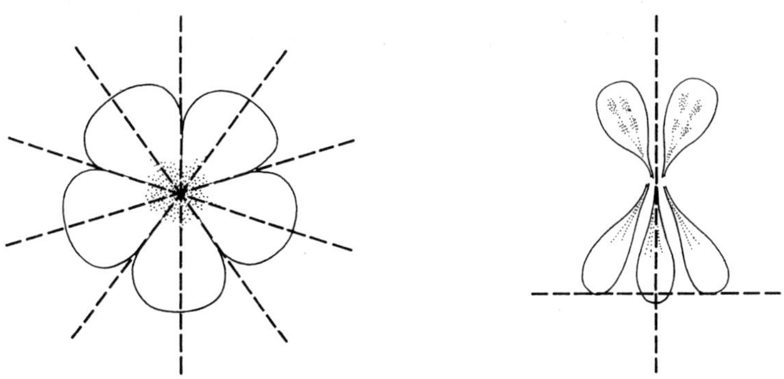

Zur Gattung *Geranium* zählen nur Arten, deren Blüte radiär aufgebaut ist. D. h., alle fünf Blütenblätter sind gleichgroß, es gibt fünf Symmetrieachsen. Stets sind zehn pollenspendende Staubgefäße vorhanden.

Die Gattung *Pelargonium* hat eine zygomorphe Blüte, d. h. ungleich große Blütenblätter mit nur einer Symmetrieachse. Von den zehn vorhandenen Staubgefäßen sind höchstens sieben vollständig ausgebildet.

Edelpelargonie 'Biedermeier', eine Züchtung aus Österreich

Der irische Botaniker *W.H. Harvey* (1811 bis 1866) teilte *Pelargonium* nach dem Aussehen in 15 Sektionen ein:

1. Hoarea
2. Seymouria
3. Polyactium
4. Otidia
5. Ligularia
6. Jenkinsonia
7. Myrrhidium
8. Peristera
9. Campylia
10. Dibrachya
11. Eumorpha
12. Glaucophyllum
13. Ciconium
14. Cortusina
15. Pelargium

Ihnen gemeinsam ist fast immer ein einheitlicher Bauplan der Blüte mit Blütenformel.

Der Blütenstand ist eine Trug- oder Scheindolde, in deren Mitte sich die älteste Blüte befindet. An einem Blütenstand können alle Entwicklungsformen von der Knospe bis zur Frucht vorkommen. Die Blüten sind selten einzeln, immer unregelmäßig, fünfteilig. Die Kelchblätter sind an der Basis miteinander verwachsen. Ein besonderes Merkmal ist der Nektar- oder Honigsporn, der sich am Grund des hinteren Kelchblattes öffnet und durch eine Verdickung sichtbar werden kann. Falter gelangen mit ihrem Saugrüssel zu dieser Stelle, wobei sie durch Berührung zur Bestäubung beitragen können.

Fünf Kronblätter sind als typisch anzusehen, selten sind weniger vorhanden. Als Ausnahme sei *Pelargonium asarifulium* der Sektion *Seymouria* mit nur zwei Kronblättern genannt. Im Normalfall unterteilt man die Kronblätter in zwei obere und drei untere. Ihre Form und Farbe variiert sehr. Die oberen zeigen den Insekten oft durch dunkle Flecken den Nektarsporn an, man bezeichnet sie auch als Saft- oder Farbmale.

Es sind zehn an der Basis verwachsene Staubblätter vorhanden. Zwei bis sieben Staubfäden (Filamente) tragen funktionsfähige Staubbeutel (Antheren), die übrigen sind nicht voll ausgebildet.

Der Fruchtknoten ist fünflappig, fünffächrig, geschnäbelt und mit zwei Samenanlagen je Fach versehen, von denen sich meist nur eine entwickelt, während die oberen sterilen Teile einen »Schnabel« bilden. Bei der Reife bleiben nur die inneren Teile der verwachsenen Fruchtblätter als Mittelsäule stehen, während sich die Außenwände, die unten je einen Samen umschließen, abheben.

Der Griffel ist je nach Art sehr verschieden lang, unterschiedlich gefärbt und besteht zumeist aus fünf Narbenschenkeln. Die Frucht ist nach etwa vier bis sechs Wochen reif. Die Teilfrüchte sind geschnä-

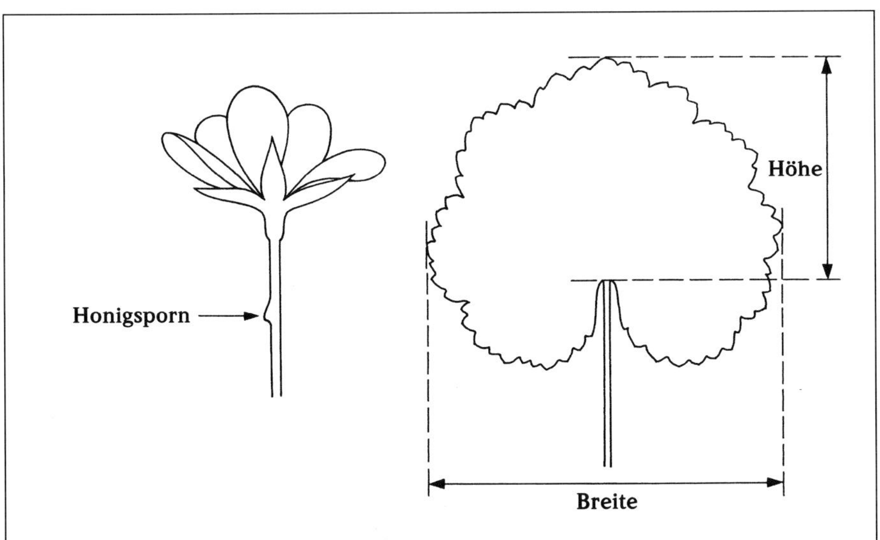

Pelargonienblüte mit »Honigsporn« links

Aufbau einer Blattspreite rechts

belt, einsamig, von der Spitze zur Basis zulaufend, bei der Reife in einer schraubig gedrehten, korkenzieherartigen »Granne« endend, mit langen Haaren. Die Früchte sind stark hygroskopisch, d.h. sie drehen und bewegen sich bei schwankender Luftfeuchtigkeit oder bei der Quellung. Die Samen sind länglich verkehrt-eiförmig und ohne Nährgewebe (Endosperm). Der Embryo ist gebogen und durch die Samenschale von außen zu ahnen.

Obwohl die Pelargonien nach ihrem Verwendungszweck zu den Beet- und Balkonpflanzen zählen, gibt es eine große Anzahl von Arten, die sich auch als Zimmer- und/oder Kalthauspflanzen eignen. Dazu zählen u.a. die Duftpelargonien, die in einem gesonderten Kapitel (s.S. 84) beschrieben werden. Die reinen Arten sind wegen ihrer Vielfalt an Form und Farben sehr reizvoll.

Einordnung der Pelargoniensorten in verschiedene Gruppen

Als botanische Besonderheit gibt es eine Gruppe von Sukkulenten-Pelargonien. Diese kommen in trockenen Gebieten Südafrikas vor und besitzen Wasserspeichergewebe in Wurzeln, Blättern oder im Sproß. In Europa blühen sie zu einer anderen Jahreszeit unter Glas, als die Freilandblütezeit in ihrer Heimat beschrieben wird. Einige Arten sollen an dieser Stelle erwähnt werden:

Pelargonium carnosum mit kurzem, wenig verästeltem Stämmchen, fiederteiligen, fleischigen Blättern und weiß bis grünlichgelben kleinen Blüten.

Pelargonium crithmifolium besitzt ein dickes, knorriges Stämmchen, fleischig fiederteilige Blätter und rispenartige Blütenstände, die verdorren, an der Pflanze verbleiben und wie ein »Geweih« aussehen. Die Blüten sind weiß mit roten Farbmalen auf den beiden oberen Kronblättern.

Pelargonium echinatum zu deutsch stachelstämmige Pelargonie, blüht in der Natur weiß bis rosa und sogar purpur mit dunklen Farbmalen.

Pelargonium tetragonum **Abbildung** **Seite 14**

Pelargonium tetragonum ist ein gabelig verzweigter Strauch mit drei- bis vierkantigen grünen Ästen. Die Blätter sind klein und fleischig. Die Blüte ist groß und besitzt nur vier Kronblätter in Cremefarbe bis Blaßrosa mit tiefroten Streifen auf den beiden oberen. Die Staubgefäße sind auffällig von der Mitte aus nach innen gebogen. Sie gehört zu den bemerkenswertesten Pelargonienarten mit außergewöhnlichen Merkmalen.

Es gibt noch viele Arten, die den Pflanzenliebhaber entzücken und die wie Juwelen in einer Sammlung gehalten werden. Meistens lassen sich solche Exemplare nur mangelhaft oder gar nicht über Stecklinge vermehren. Wenn sie selbststeril sind, fruchten sie nach Handbestäubung auch nicht und bilden keine Samen aus.

Die große Zahl von Pelargoniensorten wurde für ein besseres Verständnis in verschiedene Gruppen eingeteilt.

Stellar-Pelargonien haben sternförmige Blüten. Sie wurden von *E. Both* aus Australien eingeführt. Es gibt einfach- und gefülltblühende Sorten. Die Kronblätter können sehr variieren in Breite (keilförmig), Form (gezackt, gezähnt) und in der Farbe. Die gezackten Laubblätter (ähnlich dem Gingko) weisen oft eine grüne oder braune Zone auf. Bisher haben ihnen alle Bemühungen der Züchter nicht zu einem großen Marktanteil verholfen, sie haben Liebhaberwert.

Kaktusblütige Pelargonien bilden eine kleine, aber interessante Gruppe. Ihre Herkunft ist unbekannt, gesammelt werden sie bereits seit dem 19. Jahrhundert. Die Kronbätter sind gedrungen und stehen stachlig in einem engen Blütenkopf.

Rosenknospen-Pelargonien sind Sorten mit dichtgefüllten Blüten, die so zusammengedrängt im Blütenstand stehen, daß sie sich nie voll öffnen und wie Miniatur-Rosenknospen aussehen.

Dwarf- oder Zwergpelargonien sind wohlproportionierte Sorten, die sehr klein sind. Es gibt Exemplare von einer Höhe bis 20 cm.

Unique Pelargonien stellen eine einzigartige, alte Gruppe dar. Die Blätter sind klein und gelappt. Die Blüten einfach. Sie besitzen wenig Halt, werden hoch und

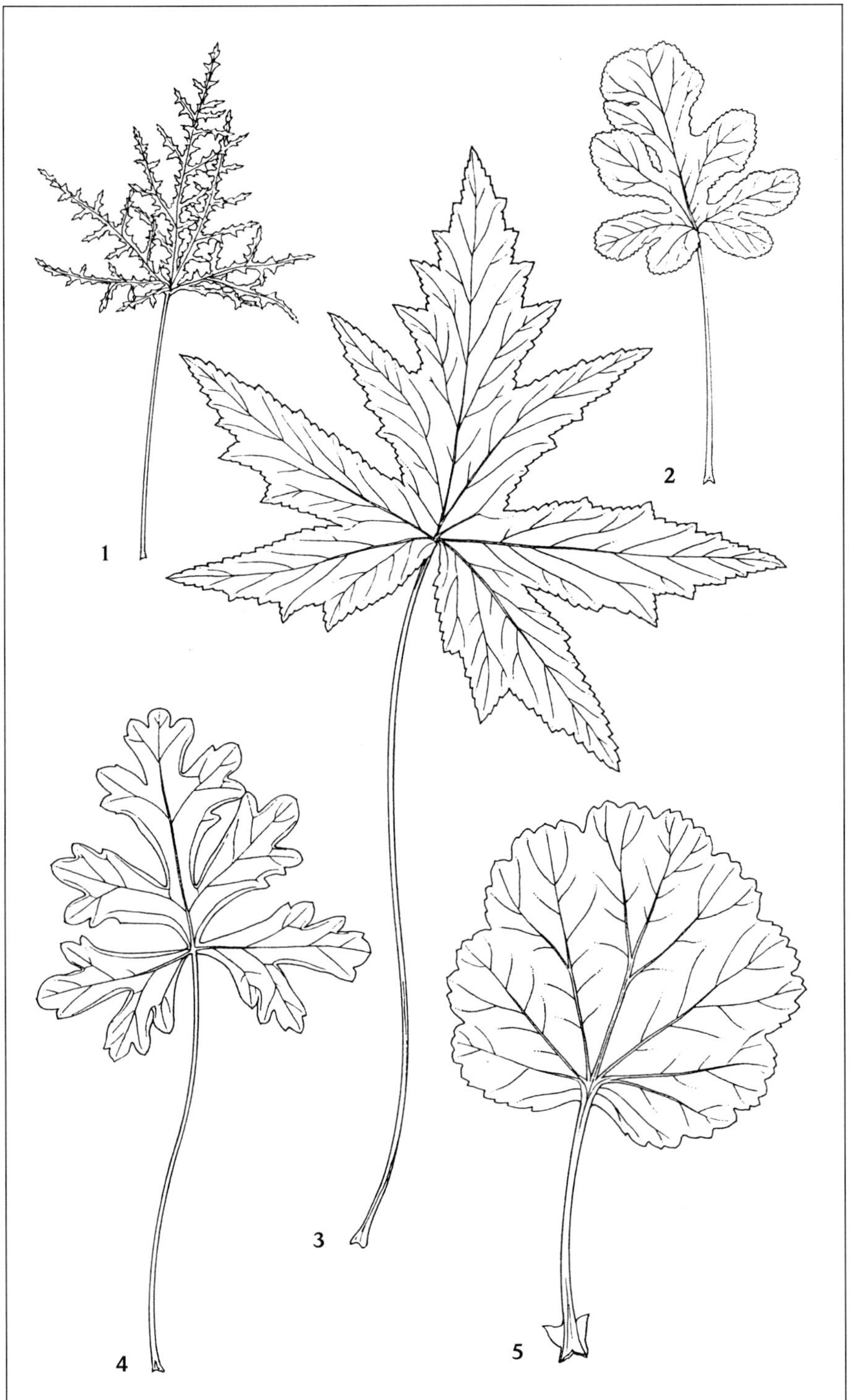

Erstaunlich vielfältig in Form und Größe können Blätter unterschiedlicher Pelargonienarten sein

1 *P. denticulatum*

2 *P. quercifolium*

3 *P. hispidum*

4 *P. stipulaceum*

5 *P. oblongatum*

Pelargonium fulgidum **– Blüten besitzen einen langen Sporn, der sich bis zur Kelchöffnung erweitert**

Pelargonium tetragonum **hat ungewöhnliche Blüten (nur 3 bis 4 Kronblätter) und Stengel (3 bis 4 stumpfkantig)**

vertragen kein regnerisches Wetter. In Amerika versucht man neuerdings, diese Gruppe für sehr heißes, sonniges Klima zu entwickeln.

Angel- oder Engel-Pelargonien entwickeln sich aus den Kreuzungsprodukten der Arten *Pelargonium crispum* und *P. grossularioides* aus dem Jahr 1820. Eine sehr alte Sorte hieß damals 'Angeline'. Sie besitzen zierliche, rundliche, gekräuselte Laubblätter, die einen Duft verbreiten. Die Pflanzen sind von buschiger Form und blühen sehr reich mit stiefmütterchenähnlichen Blüten.

Ornamental-leaved Pelargonien sind durch buntes Laub in den Farben gold, rot, weiß und Zwischentönen gekennzeichnet. Die Blüten dieser Gruppe sind oft nur von zweitrangiger Bedeutung. Die Buntblättrigen erfüllen für die historischen Gärten einen dekorativen Zweck. Als sogenannte Chimären sind sie für die Vererbungslehre sehr beliebte Forschungsobjekte.

Halbpeltaten- oder Efeuzonalpelargonien stellen ein Kreuzungsprodukt von Zonal- mit Efeupelargonien dar. Eine alte Sorte ist die rosafarbige 'Frühling' mit großen, gefüllten Blüten. Eine gewisse Rolle spielt heute noch in den Sortimenten die rotblühende 'Schöne von Grenchen', eine Mutante von 'Pierre Crozy' (1891). Diese Hybriden haben meistens die Blattform der Peltaten und den aufrechten Wuchs der Zonalpelargonien.

Besonderheiten stellen die sogenannten **tulpenblütigen Pelargoniensorten** 'Patricia Andrea' und 'Red Pandora' dar, deren Blüten sich nie öffnen und »becherartig« wie eine Tulpenknospe bleiben. Nach wie vor bleibt die Hoffnung auf gelbblühende Hybridsorten bestehen. Erste Ansätze gibt es mit der cremefarbigen 'Creamery' und einem gelbblühenden Bastard aus Nord-Wales (England). Die Presse veröffentlichte 1991 die Neuigkeit über die zartgelbblühende Neuheit von *Jack Botham*: »Mutter Natur habe sie zustande gebracht«. Der Hobbyzüchter schließt die Bestäubung durch ein Insekt in seinem kleinen Gewächshaus nicht aus.

Die bedeutungsvollsten drei Hybrid-Gruppen seien an dieser Stelle näher beschrieben.

Pelargonium-Peltatum-Hybriden

Der Name leitet sich vom lateinischen peltatus – schildförmig ab und bezieht sich auf die Form der Blätter. Der offizielle deutsche Name lautet Efeupelargonien und der volkstümliche »Hängepelargonien« oder kurz »Peltate«. Die *Pelargonium-Peltatum*-Hybriden haben Triebe, die hängend oder niederliegend, schwach kantig, kahl oder schwach behaart sind. Die Laubblätter sind lang gestielt, fleischig, glänzend bis behaart, teilweise schildförmig, rundlich, fünfkantig oder fünflappig. Je nach Sorte verfügen sie über eine grüne oder braune Zone, die unterschiedlich intensiv ausgeprägt sein kann. Die Blüten kommen einfach, halbgefüllt oder gefüllt vor. Die Blütenfarben treten in einer großen Farbpalette ähnlich den Farben der Zonalpelargonien auf.

Pelargonium-Grandiflorum-Hybriden

Sie werden auch »Englische« oder »Französische« Pelargonien genannt und finden ihren Standort fast ausschließlich im Haus. Ihre Triebe sind nicht fleischig, sondern »verholzen« rasch. Die Blätter besitzen nie eine Zone, sind gelappt oder kantig, scharf gezähnt und von geringem Duft. Die Blüten dieser Edelpelargonien können bis zu 5 cm groß sein. Sie sind einfach, in sehr verschiedenen Farben und oft mit auffallenden, großen dunkelfarbigen Flecken oder Streifen auf den Kronblättern.

Erwähnt sei auch die 'Pansy'-Gruppe, die stiefmütterchenähnlich kontrastreiche kleine Blüten und kleine Blätter besitzt, spät, aber lange Zeit hindurch blüht. Sie ist auch fürs Freiland geeignet.

Vielfalt der buntblättrigen Pelargonien

Beschreibung der schönsten und leistungsfähigsten *Pelargonium-Peltatum*-Hybridsorten ab Seite 68

Vorstellung des Sortimentes von *Pelargonium-Grandiflorum*-Hybriden ab Seite 72

Pelargonium-Zonale-Hybriden

Die grüne oder braune Zone auf den Laubblättern hat dieser Hybride den Namen gegeben. Die Triebe sind fleischig, erst im Alter wirken sie »verholzt«. Den Zonalpelargonien ist eine gute Verzweigung eigen. Die Blätter sind rundlich bis nierenförmig, nicht oder nur wenig gelappt, kerbig-gezähnt. Wenn sie zerrieben werden, riechen die Blätter stark. Die Blüten befinden sich je nach Sorte in einer sehr unterschiedlichen Anzahl (7 bis etwa 140) in langstieligen Trugdolden. Die Blüten können einfach, halbgefüllt oder dichtgefüllt sein. Die Farbe variiert sehr.

In der ganzen Welt setzte ab 1978 eine rasche Entwicklung des Handelssortimentes *Pelargonium-Zonale*-Hybriden ein. Nicht unerwähnt sei als Grund der neu eingeführte Sortenschutz für Pelargonien in der Bundesrepublik Deutschland. Inzwischen sind mehr als 250 Sorten auf dem Markt. Es empfiehlt sich, die Handelskataloge folgender Zuchtbetriebe anzuschauen, um selbst entscheiden zu können, welcher Sorte man den Vorzug gibt. Die größte Dynamik der Sortenentwicklung bieten für Zonalpelargonien (oft auch Efeupelargonien betreffend):

Dümmen, Rheinberg (HWD)
Elsner, Dresden (PAC)
Endisch, Hagenbach
Enthoven, Niederlande (Merite)
Fischer, Hillscheid (pelfi)
Klemm, Stuttgart (selecta crèation)
Knipping für Guillon, Niederlande
Oglevee, USA
und für F 1-Pelargonien:
Goldsmith, USA
Royal Sluis, Niederlande
Zwaan Pannevis, Kleve, Deutschland
Denholm, USA
Farmen Seed, Italien.

Zonalpelargonien in Nachbarschaft mit *Clematis* (Waldrebe)

Vegetativ vermehrbare Zonalpelargoniensorten siehe Seite 57, generativ vermehrbare ab Seite 67

Eine Efeupelargonie »Hängepelargonie« am Gerüst im Wintergarten

Einzug in europäische Lebensräume

***Pelargonium endlicherianum* stammt aus Asien und überwintert bei uns im Freien (z.B. im Alpinum)**

Die Heimat der Pelargonien ist die Kapprovinz Südafrikas

Die meisten Arten der Gattung Pelargonium haben ihre Heimat in Südafrika, vorwiegend im Winterregengebiet der Kapprovinz.

Schiffe der Holländisch Ostindischen Kompanie, die seit 1602 existierte, legten auf der Fahrt rund um das Kap der Guten Hoffnung zu den Inseln des Fernen Ostens und nach Indien am Kap an, um Trinkwasser für die Besatzung und die Reisenden aufzutanken. Die fernöstlichen Gewürze und Stoffe erfreuten sich in Europa zunehmender Beliebtheit, so daß die Holländer 1652 eine Marinestation und Garnison an der Tafelbucht einrichteten. In der darauffolgenden Zeit verweilten oft botanisch interessierte Reisende auf dem Weg nach Indien in der Kapregion. Sie erforschten die Flora, drangen ins Innere des Landes ein, gruben Pelargonien aus und transportierten sie nach Europa, wo sie ihren Platz in den Gewächshäusern der englischen und holländischen Landsitze fanden. Die lange Schiffsreise konnten die Pflanzen so gut überleben, weil viele Arten der Trockenheit angepaßt sind. Auch abgetrennte Pflanzenteile von Pelargonien überstehen lange Transportwege und -zeiten. Das ist ein wichtiger Gesichtspunkt für die Einführung und Verbreitung von Pelargonien in Europa. Einzelne Zweige und Blätter halten sich auch wegen des starken osmotischen Drucks sehr lange frisch. In Italien soll früher ein Wettspiel »Far il verde« sehr beliebt gewesen sein, bei dem derjenige Partner verlor, der zu irgendeiner Zeit und an beliebigem Ort ohne ein frisches Pelargonienblatt angetroffen wurde.

Eine der ersten Arten, die nach England kam, war *Pelargonium triste*. Der holländische Professor der Botanik *Paul Hermann* sammelte 1672 an den Hängen des Tafelberges *Pelargonium cucullatum*. Diese Art ist an der Entstehung unserer heutigen Edelpelargonien (*Pelargonium-Grandiflorum*-Hybriden) beteiligt. Sie wurde 1690 in die Königlich Botanischen Gärten in Kew in England eingeführt. Mehr als 100 Jahre mußten vergehen, bis ein weiterer Partner dieser künstlichen Hybride, die Art *Pelargonium grandiflorum* durch *Masson* nach England gelangte.

Der Gouverneur vom Kap, *W.A. Van Stels*, führte 1700 aus der freien Natur gesammelte Pflanzen von *Pelargonium peltatum* nach Holland ein. In England tauchte diese wichtige Art erst 1774 auf.

Diese Pelargonie ist bei der Entstehung unserer heutigen Efeupelargonien (*Pelargonium-Peltatum*-Hybride) beteiligt. Die Herzogin *von Beaufort* führte 1710 in England die überaus wichtige Art *Pelargonium zonale* ein. Sie ist ein elterlicher Partner der Zonalpelargonien (*Pelargonium-Zonale*-Hybriden). Ein zweiter wichtiger

***Pelargonium inquinans* ist eine der Stammeltern der Pelargonien**

Partner dieser Hybride wurde auf Initiative vom Bischof *Compton* 1714 nach England gebracht. Es handelte sich um *Pelargonium inquinans.*

Die Pelargonien aus Südafrika regten Botaniker zuerst zur Beschreibung an. Nicht selten geschah dies nach getrockneten Exemplaren aus kunstvoll angelegten Herbarien. Aber auch Künstler wurden animiert, diese fremdländischen Blumen zu zeichnen. Der englische Botaniker deutscher Herkunft *Johann Jakob Dillenius* veröffentlichte 1732 in seinem Werk »Hortus elthamensis« Pflanzen, die in dem Garten der Grafschaft Kent gezogen wurden. Dieses Werk enthält die Beschreibung einiger Pelargonienarten und Schwarzweißzeichnungen.

In den letzten Jahren des 18. Jahrhunderts und in den ersten zwei Jahrzehnten des 19. Jahrhunderts herrschte zwischen Südafrika und England ein reger Handel mit Pelargonien. Begünstigt wurde diese »Modewelle« durch bessere Bedingungen der Kultivierung der Pflanzen in Gewächshäusern und durch die neue politische Situation nach der Besetzung des Kaplandes durch die Engländer.

Zu dieser Zeit war den Gärtnern schon bekannt, daß die meisten Pelargonien unproblematisch durch Samen oder Stecklinge vermehrt werden können. In England und Frankreich wurden nach dem Vorbild der Rosenzüchter rasch pflanzenbauliche Erfahrungen gesammelt und züchterische Methoden angewandt, die gute Ergebnisse der Bastardierung ergaben. Auf diesem Weg entstanden viele Hybriden, die untereinander leicht kreuzbar waren. Explosionsartig entstanden sogenannte künstliche Hybriden, von denen *Geschwind* in Wien um 1877 6000 erwähnte, die nicht mehr genau identifiziert werden und deren Entwicklung niemand mehr nachvollziehen konnte.

Clifford (1970) ist der Auffassung, daß die diagnostischen Merkmale von höchstens zwanzig natürlichen *Pelargonium*-Arten in unseren heutigen Hybriden nachgewiesen werden können. Mehrere Arten aus Südafrika sind im Mittelmeergebiet eingebürgert und wurden auch in Spanien zur Befestigung der Bahnböschungen angepflanzt. Das betraf besonders *Pelargonium zonale* und *Pelargonium inquinans.*

In unseren Tagen schenkt man den Vorfahren der prächtigen Pelargonien-Hybriden als Beet- und Balkonpflanzen immer mehr Aufmerksamkeit. Botanische Gärten in aller Welt wollen nicht auf die Demonstration von Vertretern der Gattung *Pelargonium* verzichten. Sie stehen untereinander im Austausch mit sorgsam gesammeltem Saatgut von *Pelargonium*-Arten. Viele Liebhaber haben sich weltweit in Pelargonien- und Geranien-Gesell-

Pelargonien am Aushängeschild eines Wirtshauses

International bekannte Pelargoniensammlungen

schaften zusammengeschlossen, um ihren Interessen besser nachgehen zu können. Sie beraten sich, tauschen seltene Exemplare aus, helfen Züchtern mit genetisch wertvollem Material und sind stolz auf ihre Sammlungen. Die bekanntesten sind: »The British Pelargonium and Geranium Society«, »The Australian Geranium Society«, »The South African Pelargonium and Geranium Society« und »The International Geranium Society«.

Heute halten *Pelargonium*-Arten erneut Einzug in europäische Lebensräume.

Viele Arten imponieren gerade durch ihre schlichte Schönheit in ganz bizarren Formen und ungeahntem Farbenreichtum. Diese Tatsache belebt auch den internationalen Austausch von Saat- und Pflanzgut dieser Gattung. So manch ein Pelargonienliebhaber hat dadurch schon aktiv zur Verbreitung selten gewordener Wildarten beigetragen.

Das Werk der Züchtung

Den Grundstein für die heutigen Pelargoniensorten hat der englische Naturforscher *P. Fothergill* gelegt. Ihm gelang 1805 eine Kreuzung, die den Namen *Pelargonium* Fothergillii erhielt und eine erste brauchbare Zonal-Hybride darstellte. Ab 1822 fanden Pelargonien in Frankreich als Beetpflanzen Verwendung. Bis 1830 wurde die Züchtung ausschließlich aus Liebhaberei betrieben. Erst mit der Entstehung des Erwerbsgartenbaus, der im Zusammenhang mit der Festigung des Bürgertums in Europa steht, entwickelte sich die Pelargonien-Züchtung. Ab 1860 bestimmten französische Pelargonien-Hybriden den Markt.

Durch das Werk der Züchter sind bei Pelargonien viele Erscheinungsbilder entstanden.

Gliederung der Pelargonien nach Wuchseigenschaften

Man kann sie nach Wuchseigenschaften folgendermaßen gliedern:

- Zonalpelargonien
  - niedriger Typ
  - mittelhoher Typ
  - hoher Typ
- Efeupelargonien
  - buschiger Typ
  - sparriger Typ
  - sehr sparriger Typ
- Edelpelargonien
  - pyramidaler Typ
  - kompakter Typ

***Pelargonium gibbosum × lobatum* ist eine natürliche Hybride**

Zur Blütezeit bewertet man die Pelargonien nach Wuchs, Höhe, Breite und Verzweigung. Zur Zeit finden 48 Merkmale bei der Prüfung einer neuen Pelargoniensorte beim Bundessortenamt in Hannover Beachtung. Dazu gehören beispielsweise die Stellung, Länge und Dichte der Triebe, Farbe und Form der Blätter, Farbe und Form des Blütenstandes und natürlich Blühbeginn und Blühdauer.

Der Züchter bedient sich verschiedener Zuchtmethoden: der Kombinations-, Auslese-, Hybrid-, Mutationszüchtung und der Art- und Gattungskreuzung.

Mit allen Methoden verfolgt er das Ziel, neue Merkmale zu schaffen. Dabei durchschreitet das Zuchtmaterial verschiedene Züchtungsphasen, bis schließlich nach der Prüfphase die Vermehrungsphase erreicht ist, um eine neue Sorte in ausrei-

Pelargonienwildarten können auf Blumenausstellungen durch unterschiedliche Gestaltungsformen sehr interessant sein

chendem Maße verkaufen zu können. Der Züchter und/oder Produzent muß eine Sorte, solange sie sich im Handel befindet, auf ihrer höchsten Leistungsfähigkeit erhalten.

Wenn der Erhaltungszüchter verantwortungsbewußt handelt, so werden mechanische Vermischungen bzw. auftretende Mutanten rechtzeitig erkannt, ausgelesen und entfernt. Deshalb muß für die Vermehrung von Pelargonien jedes Jahr gesundes und sortentypisches Material (mit genetischer Stabilität) neu zur Verfügung gestellt werden. An diese Arbeit schließt sich unmittelbar die Gesunderhaltung an (s. S. 35). Meist werden nach der Auslese von Einzelpflanzen aus einem größeren Bestand der bestmöglichen Herkunft einer Sorte diese als Einzelklon getrennt vermehrt und als höchste Erhaltungszucht-Anbaustufe, der sogenannten Zuchtgartenelite bezeichnet.

Empfehlungen zum Kauf

Der richtige Standort

Bevor man sich zum Kauf von Pelargonien entscheidet, muß der künftige Standort im oder am Haus bekannt sein. Erst dann kann über die Gestaltung nachgedacht werden. Diese wiederum schließt Klarheit über die Mengen, Formen, Farben, Gefäße und den Zeitpunkt des Erwerbs ein.

Alle Pelargonien lieben einen sonnigen Standort. Sollen sie ihre volle Blütenpracht entwickeln und ein optimales Wachstum zeigen, dürfen sie keinen Lichthunger verspüren. Wenn sich der Standort unter freiem Himmel befindet, muß die Gefahr von Spätfrösten (oder »Eisheiligen«) vorbei sein, denn Pelargonien haben keinen natürlichen Schutz gegen Kälte, sie erfrieren sofort und treiben auch nicht wieder neu aus. Stets ist zu bedenken, ob andere Bewohner durch herabfallende Blütenblätter beim Verblühen belästigt werden. Gefüllt- oder halbgefülltblühende Pelargonien rieseln bedeutend weniger als einfachblühende. Es ist gut zu überlegen, ob die Pelargonien stehend oder hängend die Umgebung schmücken sollen. Will man z. B. mit der Balkonkastenbepflanzung eine Fernwirkung für andere erzielen, so empfehlen sich hängende Pelargonien. Will man selbst auf

Eine Hauptsorte der Efeupelargonien während des Sommers in voller Blütenpracht

dem Balkon sitzend viel Freude genießen, so sind stehende Pelargonien angebracht. Oder man geht einen Kompromiß ein und pflanzt sowohl hängende als auch stehende in einen Kasten.

Lagen mit starker Windbelastung (z.B. die oberen Etagen von Hochhäusern) sind für zerbrechliche Efeupelargonien ungeeignet. Es gibt Sorten, die im Laufe der Vegetationszeit meterlange Triebe entwikkeln, die sogenannte Kaskaden bilden. Durch einen reichen Blütenbesatz können diese Triebe noch schwerer werden, so daß sie vom Wind hin- und hergetrieben, an der Blumenkastenkante durchreiben und abbrechen. Es gibt aber auch Sorten, die verhältnismäßig buschig bleiben. Diese Unterschiede sollte man selbst beobachten und sich den Rat von erfahrenem Fachpersonal holen.

Pelargonien als Blumenschmuck unter dem Dach eines Hauseinganges

Der Fachhandel

Pelargonien werden als verschiedene Produkte zu unterschiedlichen Jahreszeiten angeboten. So gibt es Jungpflanzen (bewurzelte Stecklinge und Sämlinge) in der Zeit von Januar bis Anfang April und knospige, sogenannte »grüne Ware« meist in kleineren Töpfen oder in Packs mit mehreren Pflanzen in der Vorsaison oder als preisgünstiges Angebot während der üblichen Pflanzzeit. Die normale Ware wird meistens im 10,5 bis 12 cm-Topf von April bis Mai angeboten. Beim Gärtner erhält man die Ware taufrisch, wenn er sie selbst produziert hat. Vielleicht erlaubt er sogar seinen Kunden, die Auswahl der Pflanzen im Gewächshaus selbst vorzunehmen. Zum Verkaufsservice gehört auch die Möglichkeit, ein Gespräch mit dem Fachverkäufer über die Sortenbezeichnung, die Pflege und den Preis zu führen, oder dieses der Etikettierung bzw. Beschilderung zu entnehmen.

Weitere Einkaufsquellen sind Blumengeschäfte, Gartenfachgeschäfte und Gartencenter, wo es meistens noch eine große Auswahl an Zubehör, wie Substrat, Dünger und Pflanzgefäße gibt. Auch über Versandhäuser werden Pelargonien frei ins Haus geliefert. Möchte man Sämlingspelargonien selbst heranziehen, so stellt der Handel F 1-Hybriden in einzelnen Farben oder als Mischung portionsweise verpackt in »bunten Tüten« zur Verfügung. Es ist ratsam, auf das Datum zu achten, denn der Saatguthändler garantiert nur einen bestimmten Zeitraum für eine gute Keimfähigkeit. Nie sollte man unsachgemäß angebotene Pflanzen bei Straßenhändlern kaufen. Es ist ratsam, die Aufmerksamkeit darauf zu lenken, daß die Topfpflanzen keinen trockenen Ballen haben, denn die Folge von Ballentrockenheit ist oft, daß die Pflanzen Tage darauf gelbe Laubblätter bekommen und daß Blütenknospen vertrocknen.

Pelargonien nehmen auch Schaden, wenn sie während der Vermarktung tagelang in dunklen Räumen oder bei Kunstlicht abgestellt werden.

Sichtkontrolle

Gesundaussehende Pflanzen besitzen sattgrünes Laub, sie wurden optimal ernährt und befinden sich im richtigen Substrat. Auf Schaderreger kann man achten, indem man die Laubblätter von unten betrachtet. Pelargonien mit tierischen Schädlingen und/oder Pilzkrankheiten sollte man genauso meiden wie angefaulte Knospen, Sproßteile oder Wurzeln. Von solch einer Belastung oder schon Schaden erholt sich eine Pflanze nur schwer, wenn überhaupt.

Der Käufer kann außerdem darauf achten, daß sich nicht viele Wurzeln durch die Bodenabzugslöcher der Töpfe entwikkelt haben. Beim Entfernen der Pflanzgefäße würde es unvermeidlich zum Abreißen der heraushängenden »Wurzelbärte« kommen. Damit schafft man Eintrittspforten für bodenbürtige Krankheitserreger, oder die Pflanze erleidet einen Wachstumsschock.

Auf dem Weg nach Hause

Hängende, besonders langtriebige Pelargonien werden gestäbelt oder mit einer ringförmigen Halterung, die mit Clips am Topfrand befestigt ist, angeboten. Beides sind Stützen für den Transport und für die ersten Tage nach dem Pflanzen. Man sollte sie erst entfernen, wenn die Pflanzen angewachsen sind. Als Transportmittel haben sich flache Körbe und kleine Wannen oder Obststiegen bewährt. Darin können die Pelargonien gerade stehen und knicken nicht über den Rand ab. Zu Hause angekommen, müssen Pelargonien sofort ausgepackt und weit aufgestellt werden, gleich ob sie sofort gepflanzt oder noch einige Zeit aufbewahrt werden. Auch hier ist die Wahl eines hellen, gut gelüfteten, frostfreien Standortes notwendig. Für feuchten Ballen und trockenes Laub ist Sorge zu tragen. Bei Bedarf kann der Wurzelbereich in Wasser getaucht werden. Die Pflanzen müssen gut konditioniert bleiben, bis sie zum Standort gelangen.

Sollte ein Blütenstand (Dolde) schon wegen einiger verwelkter Einzelblüten stören, so kann man diesen zu jeder Zeit bedenkenlos entfernen. Anders ist es beim Kauf von Edelpelargonien. Diese müssen knospig, aber farbezeigend erworben werden, am besten im sogenannten »Kerzenstadium«. Die Pflanzen sollten einen vollen Knospenbesatz aufweisen. Sonst läuft man Gefahr, eine schlecht induzierte Edelpelargonie zu kaufen, die nie voll erblühen kann. Im Gegensatz zu Efeu- und Zonalpelargonien blühen diese meist nur sechs bis acht Wochen lang im Zimmer oder in sehr geschützter Lage (überdacht) auf dem Balkon oder der Terrasse. Transportiert man Edelpelargonien oder Pelargonien fürs Zimmer bei Minusgraden, dürfen sie der kalten Witterung nicht ausgesetzt sein. Mehrere Bögen einzeln um die Pflanze gewickelt schützen besser als eine dicke Lage Papier.

Kauf von Sonderformen

Will man eine oder mehrere Ampeln mit Efeupelargonien erwerben, sollte man gut auf die Verpackung achten. Die Triebe müssen behutsam nach oben genommen werden, während das Gefäß in eine Folientüte gleitet. Oder man trägt das Exemplar an der Aufhängung vorsichtig nach Hause, ohne anzustoßen. Ampelgefäße müssen einen fest mit dem Gefäß verbundenen Untersetzer besitzen, sonst kann Restwasser nach dem Gießen auslaufen (tropfen) und Grund zu Ärgernis sein.

Pelargonien-Wildarten als Bonsai gestaltet darf man nicht ohne sachgemäße Beschreibung kaufen. Auch diese Pflanzen müssen sehr vorsichtig und gut verpackt werden. Beim Kauf eines Pelargonien-Hochstammes sollte man wegen des hohen Anschaffungspreises sehr kritisch sein. Auch kann man sich beizeiten über einen eventuellen Pflegevertrag über die Winterzeit verständigen. Es ist besser, ein reicher Blütenflor kündigt sich durch Knospen an, als daß kurz nach dem Kauf eine Blühpause auftritt.

Beschreibung der Gestaltung und Pflege von Ampeln ab Seite 79

Ausführliche Informationen zu Bonsai ab Seite 81

Erziehung und Pflege von Hochstämmchen siehe Seite 75

Vermehrung und Pflege

Links im Bild eine rot-weiß blühende Sämlingspelargonie und rechts eine am Stab gezogene, vegetativ vermehrte Großpflanze

Die eigene Anzucht aus Samen

Generative Vermehrung von Pelargonien

Wie kann man schöne Pelargonien selbst heranziehen?

Wer sich schon näher mit Pelargonien beschäftigt hat, weiß, daß sich auch ohne menschliches Dazutun Früchte mit keimfähigen Samen bilden. Wenn man etwas nachhilft, können sich daraus beschleunigt Pflanzen entwickeln, die ihren Eltern gleichen, wenn sie von Arten abstammen oder sie ähneln ihnen, wenn das Ausgangsmaterial Hybriden waren. Dieser Erbgang ist durch komplizierte Vererbungsregeln erklärbar.

Samengewinnung

Die meisten Pelargonien können erfolgreich befruchtet werden. Man kann z.B. mit Hilfe eines feinen Pinsels den Blütenstaub (Pollen) der selben oder einer anderen Pelargonie auf die gespreizten Narbenschenkel auftragen bzw. mit einer Pinzette einen Staubbeutel erfassen, ihn aus der Blüte entfernen und den stäubenden Pollen auf die reife Narbe abstreichen. Wenn es zur Befruchtung gekommen ist, kann man nach fünf Tagen einen kleinen Fruchtschnabel von 2 bis 2,5 cm Länge wahrnehmen. Sobald sich die Teilfrüchte mit Flugapparat von der Mittelsäule abheben, sind sie reif und können ohne Keimruhe sofort ausgesät werden. Weil alle Pelargonien eine schwer wasserdurchlässige Samenschale besitzen, die die Feuchtigkeit nicht so leicht eindringen läßt und damit einen Quellvorgang verhindert, kann der Mensch von Hand nachhelfen. Am meisten hat sich in der Züchtung und im Hobbybereich das Anschneiden der Samen bewährt.

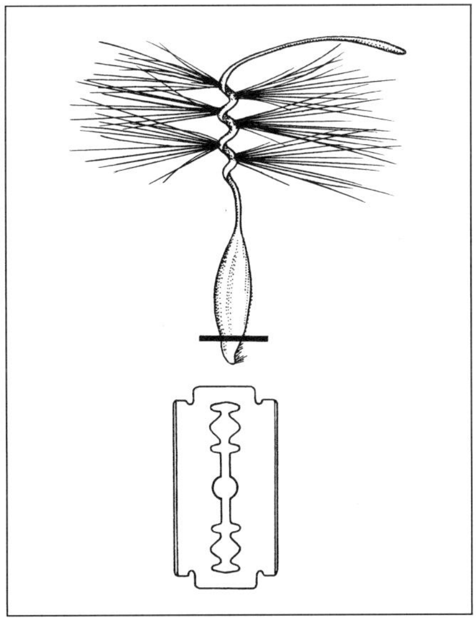

Ein Pelargonien-Teilfrüchtchen, das den Samen enthält, kann zum Zweck des schnelleren Keimens von Hand, z.B. mit einer Rasierklinge, angeschnitten werden

Aussaat

Den Zeitpunkt der Aussaat muß man so wählen, daß die Pelargonien zur gewünschten Zeit in Knospe oder Blüte stehen. Bei handelsüblichem Pelargoniensaatgut benötigt man bei optimalen Bedingungen 13 bis 20 Wochen, je nach Sorten bzw. Serien unterschiedlich. Erfahrungswerte sind in der Tabelle zusammengefaßt.

Für die Aussaat kann man unterschiedliche Gefäße verwenden. Die Hauptsache ist, daß sie pflanzenbaulich hygienisch sind und Wasserabzugslöcher besitzen. Das Substrat muß leicht, nährstoffarm und keimfrei sein. Der Feinheitsgrad soll die Samengröße von Pelargonien nicht überschreiten. Der pH-Wert kann zwischen 5,6 und 6,5 liegen. Pelargoniensaatgut kann man einzeln im Abstand von ungefähr 1 cm auslegen oder breitwürfig aussäen. Anschließend ist mit Hilfe eines Brettchens anzudrücken, damit die Samen einen guten Schluß zum Substrat bekommen und zügig quellen und keimen können. Übersiebt wird in Höhe des Saatgutes ganz gleichmäßig dünn (maximal 0,5 cm). Das gleichmäßige Angießen muß sehr vorsichtig erfolgen, damit nicht ab- oder zusammengeschwemmt wird. Die Aussaatgefäße sollte man für ein paar Tage mit Folie oder einer Glasscheibe abdekken und hell aufstellen. Bei Pelargonien führen Keimtemperaturen von 20 bis 23 °C (gemessen im Substrat) zu den besten Ergebnissen. Die Keimung ist nach acht Tagen abgeschlossen, wenn es sich um handelsübliche Sämlingspelargonien für Beet- und Balkonpflanzen handelt. Mehr Geduld beim Keimungsvorgang sollte man bei Saatgut von »Raritäten« aufbringen. Nach zwei bis drei Tagen muß man

Die zeitliche Dauer von der Aussaat bis zur knospigen, farbezeigenden Pelargonie beträgt in Abhängigkeit von der Sorte durchschnittlich 13 bis 20 Wochen

Zusammenhang von Aussaattermin und Blühbeginn:

Aussaat	Endtopf	knospig, farbezeigende Ware
September bis Ende November	Mitte bis Ende Januar	Anfang bis Mitte April
Anfang Dezember	Ende Januar	Ende April
Mitte Dezember	Anfang Februar	Anfang Mai
Ende Dezember	Mitte Februar	Anfang bis Mitte Mai
Anfang Januar	Ende Februar	Anfang bis Mitte Mai
Mitte Januar	Anfang März	Mitte Mai
Ende Januar	Mitte März	Mitte bis Ende Mai
Anfang Februar	Mitte bis Ende März	Anfang Juni

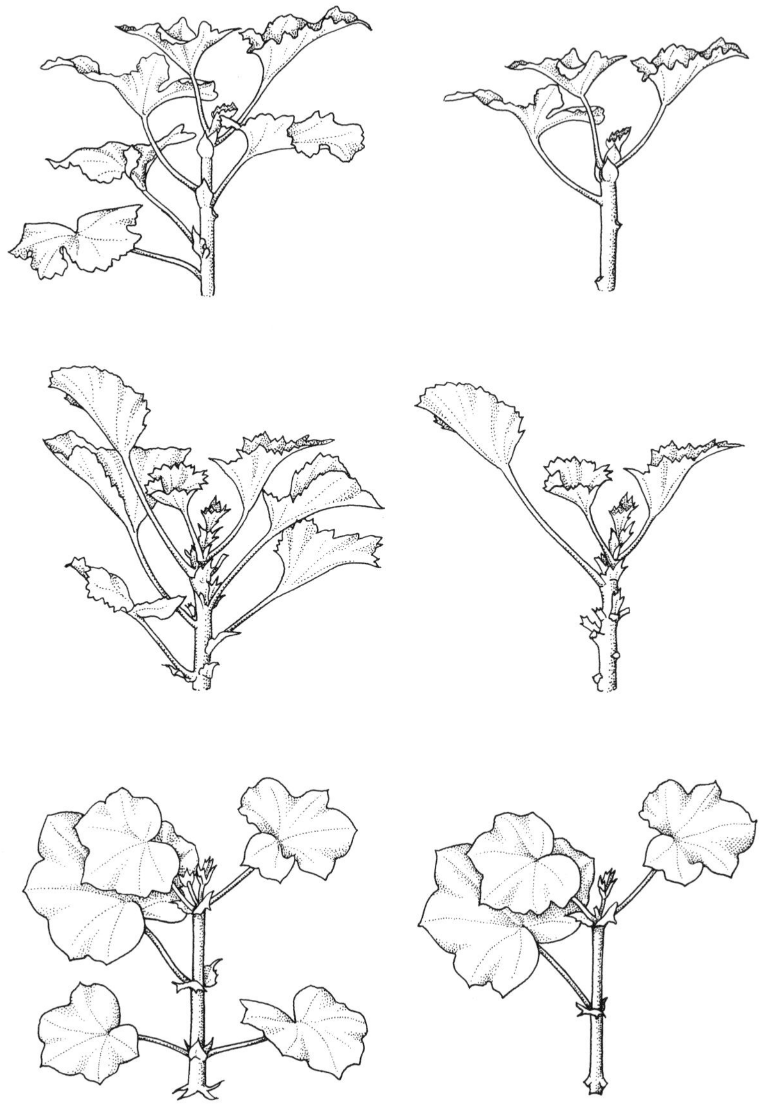

obere Reihe: Zonalpelargonien
(Pelargonium-Zonale-Hybriden*)*

Mitte: Edelpelargonien
(Pelargonium-Grandiflorum-
Hybriden*)*

untere Reihe: Efeupelargonien
(Pelargonium-Peltatum-Hybriden*)*

jeweils linke Darstellung:
unbehandelter Steckling

jeweils rechte Darstellung:
zum Stecken vorbereiteter Steckling,
d. h. einige untere Laubblätter
und kleine Nebenblätter
wurden entfernt

Äußeres Erscheinungsbild von Stecklingen

die Aussaat kontrollieren. Pelargonien keimen epigäisch, das bedeutet, daß die Keimblätter aus dem Substrat hervortreten und grün werden. Deshalb hat das Licht von dieser Stunde an einen großen Einfluß auf die Entwicklung des Sämlings, sie sind sehr lichtbedürftig.

Weiterkultur

Sobald die Keimblätter waagerecht stehen, spätestens nach zehn Tagen, muß pikiert oder gleich eingetopft werden, damit sich die Sämlinge zu ihrer vollen Größe entwickeln können.

Erstrebenswert ist, wenn Pelargonien als Topfpflanzen von Anfang an einen eigenen Durchwurzelungsraum besitzen. Das beginnt mit der Aussaat in Multizellplatten und dem Umtopfen der Pflanze mit einem vorgeformten Ballen in ein Gefäß, das dem zu erwartenden Wachstumsfortschritt gerecht wird (etwa 9-bis 12-cm-Topf).

Die Temperaturführung sollte für Zonal- und Efeupelargonien in der Vorkultur bei 18 bis 20 Grad Celsius und für die Fertigware bei 14 bis 16 Grad Celsius liegen.

Stecklingsvermehrung

Alle drei Pelargonien-Hybrid-Gruppen *(Pelargonium Grandiflorum-, Pelargonium-Peltatum-* und *Pelargonium-Zonale-Hybriden)* lassen sich über Stecklinge wie folgt gut vermehren:

Stecklingsschnitt

Stecklinge dürfen nicht von »verholzten« Pflanzenteilen geschnitten werden, auch sogenannte Blütentriebe bei *Pelargonium-Grandiflorum*-Hybriden dürfen keine Verwendung finden. Der Steckling ist immer einem Sproßteil zu entnehmen, der sich in gutem Wachstum befindet.

Geschnitten wird zwischen zwei Nodien, damit beim Stecken die unteren Blätter und Blattstiele nicht in das Vermehrungssubstrat geraten. Der Schnitt wird rechtwinklig zum Stengel durchgeführt. Die Stecklingslänge beträgt je nach Sorte und Jahreszeit 2 bis 7 cm.

Beim Ernten der Stecklinge sind zwei Messer oder andere Schneidwerkzeuge nach jeder Pflanze zu wechseln und zu desinfizieren.

Das Erntegut muß trocken sein und kann für ein paar Stunden kühl gelagert werden (etwa 3 bis 5 °C), bevor es gesteckt wird.

Pelargonienstecklinge in vorbildlicher Weise zum Stecken vorbereitet (Bewurzelungspulver)

Steckvorgang

Vegetative Vermehrung

Der Steckling ist an seiner Schnittfläche in der Lage, teilungsfähige Zellen für die Wurzelbildung zu erzeugen. Zuerst entsteht Wundkallus, aus dem sich später Wurzeln bilden. Die Schnittstellen der Stecklinge kann man in Bewurzelungspulver tauchen.

Die Stecklinge müssen in hygienisch einwandfreie Anzuchtgefäße mit einem ebenso geeigneten Substrat gelangen, wie es bei Sämlingen beschrieben steht. Die Stecktiefe beträgt maximal 2,5 cm. In der Jungpflanzenanzucht finden beispielsweise Jiffy-7 Torfquelltöpfe, Torfanzuchttöpfe aus Recyclingpapier oder Torf- bzw. Kunststofftöpfe Verwendung.

Steckabstand

Der Steckabstand richtet sich nach der Beschaffenheit der Stecklinge (meist 180 bis 260 St/m²), wobei sich die Laubblätter nicht überlappen, nur berühren dürfen.

Bewurzelungstemperatur

Ideale Bewurzelungstemperaturen sind:
Tag-Luft 18 Grad Celsius
Tag-Boden bis 24 Grad Celsius
Nacht-Luft 16 Grad Celsius
Nacht-Boden 20 Grad Celsius
Nach guter Bewurzelung sind die Tag-Nacht-Temperaturen abzusenken bis 14/8 Grad Celsius. Die Wasserversorgung muß bei der Jungpflanzenanzucht besonders sorgfältig stattfinden.

Bewässerung

Laubblätter dürfen nie schlappen, entweder ist von Hand mit einer Spezialbrause ganz fein Wasser zu versprühen oder Sprühnebel auszubringen, solange bis Wurzeln vorhanden sind, dann muß nach Bedarf gegossen werden. Ein einmaliges Angießen mit einer Fungizidlösung ist sehr zu empfehlen.

Jungpflanze

Die Entwicklungszeit für Pelargonien vom Steckling zur Jungpflanze liegt bei 2,5 bis 6 Wochen, je nach Hybridart, Sorte, Vermehrungssystem und Ausgangsmaterial.

Ein Schattieren der Vermehrungsfläche ist von Vorteil, wenn übermäßige Erwärmung befürchtet wird. Ab der dritten Woche nach dem Stecken kann bei jedem Gießen oder Sprühen eine schwache Düngerlösung (0,15 bis 0,2%ig) ausgebracht werden, ohne daß mit klarem Wasser nachgespült werden muß.

Fertigpflanze

Unterschiedliche Kulturmethoden werden bestimmt durch die Anfangszeiten und Temperaturen:

Langkultur: maximal 29 Wochen Kulturzeit mit Stecklingsernte bis

1. Ende Dezember bei 14 bis 16 °C und
2. Mitte Februar bei 6 bis 8 °C (»überwintern«)

Normalkultur: maximal 19 Wochen Kulturzeit

Januar bis Mitte Februar bei 14 bis 16 ° C

Kurzkultur: maximal 16 Wochen Kulturzeit

Ende Februar mindestens 16 bis 18 °C

Schnellkultur: Ende März 2 bis 3 Pflanzen pro 8-cm-Topf, evtl.

April Umtopfen in 12-cm-Topf

Hinweise zum Topfen von Pelargonienjungpflanzen

Pelargonien-Jungpflanzen müssen nach Zukauf sofort getopft werden, sie dürfen

Efeupelargonie

Zonalpelargonie

Pelargonienjungpflanzen mit Topfballen, gut bewurzelt und mit den Voraussetzungen für eine schnelle Verzweigung

nicht wegen Licht- und Luftmangel vergilben oder gar verhärten (überständig werden).

Kleine Mengen Pelargonien topft man sicher auf herkömmliche Art und Weise in ein nährstoffreiches Substrat, das einen 20 bis 30%igen Tonanteil haben sollte.

Bei großen Mengen können die End- oder Zwischentöpfe Topf an Topf gefüllt vorbereitet auf desinfizierten Stellflächen stehen, bevor die Jungpflanzen mit einem Wurzelballen in sie versenkt werden. Es darf nicht zu tief oder zu flach getopft werden. Der Vegetationspunkt (»das Herz«) muß frei von Substrat sein und das Anzuchtgefäß bzw. der Ballen dürfen nicht herausschauen. Ein Angießen der frisch getopften Pelargonien ist bei sonnnigem Wetter sofort ratsam.

Während der Einwurzelungsphase ist eine Temperatur um 18 °C günstig. Pelargonien müssen mit Bedacht gegossen werden. Am besten in den Vormittagsstunden, bevor das Substrat ausgetrocknet ist, damit für die Pflanzen kein Streß entsteht. Bei jedem Gießen kann ein Volldünger in der Konzentration 0,05 bis 0,15% zugefügt werden.

Bei »weichem« Gießwasser ist der pH-Wert des Substrates auf 7 und bei »hartem« Wasser auf 5 einzustellen.

Pelargonien benötigen reichlich Außenluft mit der normalen Zufuhr an Kohlendioxid.

Dem richtigen Stutzen der Pelargonien muß große Aufmerksamkeit gewidmet werden. Ausgenommen sind alle generativ vermehrten Pelargonien (F 1-). Diese dürfen nicht entspitzt werden, da sich sonst die Blüte um Wochen verzögert.

Ungefähr zehn Tage nach dem Topfen können Zonalpelargonien bis zum 15. Februar, Efeupelargonien bis zum 10. März pinziert (»weich« entspitzt) oder gestutzt werden, d.h. die kleine Triebspitze des Haupttriebes bzw. später auch der Seitentriebe wird herausgeschnitten oder mit den Fingern herausgekniffen.

Die Edelpelargonien benötigen nach dem Anwurzeln bei 18 °C unbedingt eine 60tägige Kühlperiode von 10 °C (nicht über 12 °C) zur Blütenbildung. Ein Wärmerhalten vor Februar führt nicht zu Erfolg. Dem kompakten Pflanzenaufbau ist viel mehr dienlich, wenn eine längere Kühlperiode bei niedrigen Temperaturen um 8 °C herrscht. Dann verzweigen sich Edelpelargonien besser. Normalwachsende Sorten dürfen nicht gestutzt oder pinziert werden, um die Blütenbildung nicht stark zu verzögern. Der Blühbeginn normal kultivierter Edelpelargonien liegt bei Ende April/Anfang Mai.

Der Erwerbsgartenbau setzt bei der Fertigpflanzenkultur als Hilfsmittel für einen kompakten Pflanzenaufbau chemische Wuchsmittel ein. Der Trend geht allerdings zur Wahl kompakter Sorten bzw. anderer Kulturführung und -steuerung als bisher üblich: das kann z.B. Steuern durch Kühlen bedeuten.

Überwinterung

Räumlichkeiten

Eine gute Unterbringung finden Pelargonien während der kalten Jahreszeit von Oktober bis Mai in heizbaren Kleingewächshäusern, kühlen Wintergärten, in hellen Treppenhäusern und Garagen oder an Fenstern in Räumen mit Temperaturen nicht viel über 10 °C und nicht unter 5 °C.

Sehr entscheidend ist das Tageslicht und nicht zu hohe Temperaturen, wobei Frost unbedingt vermieden werden muß. Er bedeutet den Tod für Pelargonien. Als Regel gilt bei selbstüberwinterten Beet- und Balkonpflanzen, daß diese einige Wochen später in voller Blüte stehen als im Gewächshaus optimal kultivierte. Die Verzögerung wird am endgültigen Standort durch das intensive Sonnenlicht ganz ausgeglichen. Man sieht es den Pflanzen im Verlauf des Sommers nicht mehr an, ob sie ideale Startbedingungen hatten oder z.B. auf der Fensterbank ihr »Winterquartier« fanden. In mehretagigen Wohnhäusern ist oft das Treppenhaus zur Überwin-

Pelargonien haben keinen natürlichen Schutz gegen Kälte. Bei Frost erfrieren sie sofort und treiben nicht wieder neu aus

Anfang Oktober stehen bereits die selbst vermehrten Efeupelargonien für die neue Saison in kleinen Töpfen im Hintergrund

terung von Pflanzen sehr beliebt, aber es herrscht nicht selten Platzmangel. In der eigenen Wohnung kann man ein Fenster im kühlen Raum besser ausnutzen, wenn eine Blumentreppe mit Stufen vorhanden ist. Auf ihr können bepflanzte Blumenkästen oder viele Pelargonien in Töpfen die kalte Jahreszeit gut überstehen.

Vorbereitung auf das Winterquartier

Schon bis August ist die Entscheidung zu treffen, ob eine eigene vegetative Vermehrung stattfinden soll. Hat man ein besonders schönes Pflanzenexemplar und es gibt Bedenken, die gleiche Sorte im nächsten Jahr wieder zu erhalten, so ist es ratsam, Stecklinge zu schneiden. Auch sollte man seine finanzielle Lage für den Kauf im nächsten Jahr planen und bedenken, ob das Geld zur Anschaffung neuer Beet- und Balkonpflanzen zur Verfügung stehen wird.

Anleitung zum Stecklingsschnitt siehe Seite 29

Wenn bis Ende September eine eigene Vermehrung über Stecklinge erfolgreich verlief, kann man getrost sehr alte Pflanzen wegwerfen. Der Wetterverlauf ist jedoch immer gut zu verfolgen. Sind Nachtfröste angesagt, müssen die kälteempfindlichen Pelargonien geschützt werden. Manch einer räumt sie für eine kritische Nacht ins Zimmer, andere hängen die Kästen ab und stellen sie auf den Fußboden des Balkons, wo wärmedämmendes Material, z.B. Noppenfolie, gewachstes Papier, federleichtes Kunststoff-Vlies oder dünner Stoff über die Pflanzen ausgebreitet wird.

Die zu überwinternden Pelargonien darf man ab Spätsommer nicht mehr düngen, sie sollen im Wachstum eingeschränkt und gut auf die bevorstehende Ruheperiode vorbereitet werden.

Pflege für die Winterruhe

Werden Pelargonien, die sich den Sommer über prächtig entwickelt haben, eingeräumt, so kann man sie auf ein Drittel zurückschneiden. Damit spart man nicht nur viel Platz, sondern den Pflanzen wird gleichzeitig das Überleben leicht gemacht. Abgestorbene Blätter und Blüten sind zu entfernen. Auf vorhandene Knospen verzichtet man lieber. Die Pflanzen können fast ganz entblättert, gut ausgelichtet viel besser Krankheiten trotzen. Und das nicht zuletzt auch, weil die Luft gut um sie zirkulieren kann. Das Überwintern von Efeupelargonien ist komplizierter als bei Zonalpelargonien, mit Verlusten muß eher gerechnet werden.

Rückschnitt

Hat man das Zurückschneiden im Herbst vermieden oder gar verpaßt, muß der Termin dieser Maßnahme bis Ende Februar eingehalten werden. Ein Rückschnitt ist für die Pflanze ein großer Eingriff in den Stoffwechsel. Das ausgewogene Verhältnis von Wurzel zu Sproßmasse kommt

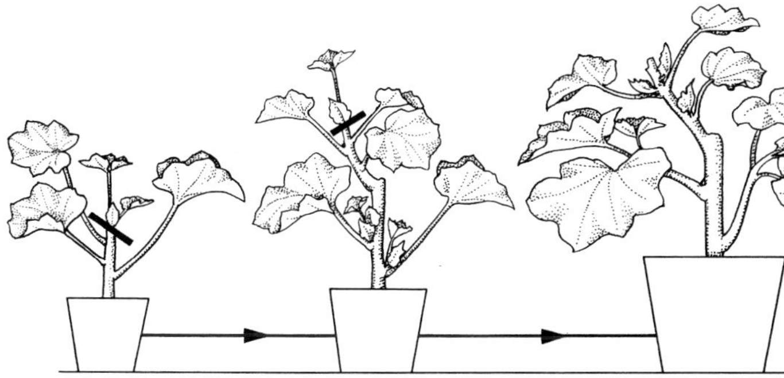

»Pinzieren« bzw. Entspitzen des Haupttriebes — Erneutes Pinzieren nach Austrieb der Achselknospen — Formierte Planze (»Getrimmt«)

Formieren von Pelargonien

aus dem Gleichgewicht. Dieser Tatsache liegt auch zugrunde, daß bei idealen Wachstumsbedingungen (besonders Licht, Wasser und Temperatur betreffend) mit einem starken Austrieb gerechnet werden kann. Pelargonien sind sehr regenerationsfreudig und treiben in den meisten Fällen sehr willig aus sogenannten schlafenden Augen aus.

Als Faustregel für den Rückschnitt gilt, daß die oberirdischen Pflanzenteile nach dem Schneiden nicht über das Gefäß ragen dürfen. Es ist ratsam, eher zu stark als zu schwach das Messer, die Gartenschere oder eine Rasierklinge einzusetzen.

Immer muß quer zum Trieb knapp über einem Auge geschnitten werden. Die vermutete Austriebstelle (Auge) darf beim Schneiden nicht verletzt werden. Außerdem empfiehlt es sich, daß drei bis vier Internodien am saftig grünen Trieb stehen bleiben. Eine Ausnahme bildet das Herausschneiden abgestorbener, sehr alter oder sich kreuzender Triebe. Weiterhin ist darauf zu achten, daß »Entartungen« (meist grüne) bei buntlaubigen Pelargonien an der Ansatzstelle entfernt werden. Diese sind wegen des intakten Chlorophyllhaushaltes meistens wüchsiger und verdecken nach kurzer Zeit die »bunte Schönheit«.

Bei Pelargonienhochstämmchen kann man sich für den Umfang des Rückschnittes an der Größe eines Fußballes orientieren. Ein Auslichten zu dicht stehender Triebe ist oft angebracht. Bevor der Schnitt vollzogen wird, ist es ratsam, darauf zu achten, den gewünschten Austrieb an einem schlafenden Auge, das nach außen steht, vorzuprogrammieren. Diese Wahl begünstigt einen harmonischen Kronenaufbau. Befinden sich am Fuße des Pelargonienbäumchens sogenannte Bodentriebe, die während des Sommers sehr dekorativ gewirkt haben, so sollte man sie dicht (2 bis 3 cm) über der Erde abschneiden, um so buschiger entwickeln sie sich in der neuen Saison.

Nach dem Rückschnitt sollten oberirdische Pflanzenteile nicht mehr über das Gefäß ragen

Verschiedene Methoden zur Überwinterung

Variante 1

Die Pelargonien werden vor dem ersten Nachtfrost aus dem gewachsenen Boden oder aus dem Gefäß genommen. Der Rückschnitt erfolgt auf eine Trieblänge von 15 bis 20 cm, dabei werden alle Laubblätter entfernt. Die Erde wird am besten vollständig von den Wurzeln abgeschüttelt. Die Pelargonien werden in eine Fungizidlösung untergetaucht und müssen anschließend abtropfen. Damit beugt man während des Winters dem *Botrytis*-

Befall (s. S. 37) vor. Mehrere Pelagonien fügt man zu Bündeln zusammen und bringt über sie eine feuchte Torfschicht von ungefähr 15 cm aus. Der Standort kann beliebig kühl sein, aber immer müssen die Pflanzen von oben vor Nässe geschützt werden. Bei sehr strenger Kälte muß die wärmedämmende Schicht Torf noch erhöht werden. Mit Beginn des Frühjahres sind diese Pelargonien zu topfen, zu gießen und sehr hell frostfrei aufzustellen.

Variante 2

Das Überwintern von Pelargonien im Paket gleicht sehr der Variante 1, indem jede Pflanze einzeln mit Blättern und etwas Erde an den Wurzeln in Zeitungspapier eingerollt wird. Die Pflanzenpäckchen werden in eine Kiste geschichtet und frostfrei aufbewahrt.

Beschreibung der Pflegedüngung auf Seite 47

Anfang Februar erfolgt der Rückschnitt und die neue Wachstumszeit kann beginnen.

Variante 3

Pinzieren und Entspitzen siehe auch Seite 33

Das Überwintern in Plastiktüten ist platzsparend. Die Pelargonien sind bei dieser Methode auf etwa 15 cm zurückgeschnitten, sie müssen Wurzeln mit feuchtem Substrat besitzen. So vorbereitet gelangen die Pflanzen am besten in Gefrierbeutel, die fest verschlossen werden, damit sie nicht austrocknen. Die Beutel mit den Pelargonien werden entweder eng aufgestellt oder auf eine Leine dicht bei einer Lichtquelle aufgehängt. Die Umgebungstemperatur kann bis zu 10 °C betragen. Auf Ballenfeuchtigkeit ist zu kontrollieren. Ab März beginnt die normale Pflege.

Pflanzsubstrate siehe Seite 47

Bei allen drei Überwinterungsmethoden ist der Erfolg nicht 100%ig. Mit Verlusten muß jeder rechnen.

Vorbereitung auf den kommenden Sommer

Ab Ende Februar/Anfang März müssen sich für die überwinterten Pelargonien die Licht- und Wärmeverhältnisse verbessern, denn der Austrieb setzt ein, die Winterruhe ist vorbei. Das Licht spielt im Frühjahr für die Qualität der Pelargonien die größte Rolle. Ist es zu knapp, wachsen die Triebe dünn und spärlich (vergeilt), ähnlich den Kartoffeltrieben im Keller.

Wenn es extrem an Wärme fehlt (bei 3 bis 6 °C), entwickeln sich die Triebe langsam und können fast weiß, manchmal auch rötlich aussehen. Diese Erscheinung verliert sich jedoch später vollständig.

Ab Austrieb gießt man häufiger und beginnt auch schwach stickstoffbetont zu düngen. Der Pflanzenabstand muß so gewählt sein, daß sich die Topfpflanzen nicht berühren. Es ist für reichliches Lüften zu sorgen, damit der Standortwechsel ins Freie gut vorbereitet wird.

Das Aussehen der Pelargonien kann man durch Pinzieren oder Entspitzen des Haupttriebes und/oder der Nebentriebe gestalterisch beeinflussen. Mit dieser milden Schnittmaßnahme wird ein kompakter Wuchs begünstigt. Ab Anfang/Mitte April sollte nichts mehr an der Pflanze entfernt werden, weil man sonst die ersehnten Blütenknospen entfernt. Bis dahin können aber kräftig wachsende Triebe gestutzt werden. Die entfernten Triebspitzen ähneln einem Kopfsteckling. Bevor die neue Saison für die Pelargonien am endgültigen Standort beginnt, muß das Umtopfen geschehen.

Pelargonien in relativ kleinen Gefäßen sollten jährlich umgetopft werden. Dagegen müssen Hochstämmchen, Schaupflanzen und Sonderformen nur alle 2 bis 3 Jahre neues Substrat erhalten. Beim Umtopfen dürfen die Wurzeln nicht gar zu sehr beschädigt werden. Das alte Substrat löst man vorsichtig aus dem Geflecht des Ballens und verwendet stets neues für dasselbe oder ein etwas größeres Gefäß.

Wenn man den Verzug des Blühbeginns durch eigene Überwinterung etwas

mildern möchte, gibt es die Möglichkeit, zwischen die gut vorbereiteten Pelargonien im rechten Abstand neu erworbene, weit entwickelte zu pflanzen.

Besonderheiten bei der Überwinterung

Auf manchen breiten Fensterbänken in wohltemperierten Räumen gedeihen Zonalpelargonien besonders schöner Sorten auch in der kritischen Jahreszeit. Es kommt sogar vor, daß sie blühen. Diese Pflanzen kann man im üppigen Wachstum im Frühjahr zügeln, als hätte man sie kalt überwintert.

Unsere Edelpelargonien, die Angel-Gruppe und die meisten Wildarten benötigen eine Kühlperiode, um reichlich Blütenknospen anzusetzen. Man sollte sie in der Zeit von November bis Februar mindestens vier bis sechs Wochen lang Temperaturen aussetzen, die um 5 °C liegen. Selbstverständlich sind die Wassergaben in dieser Zeit fast auf Null zu reduzieren. Oft genügt schon ein feines Besprühen der Blätter mit Wasser, um den Tau ihrer Heimat zu ersetzen.

Es sei auch darauf hingewiesen, daß *Pelargonium*-Arten mit rübenartigen Speicherorganen ihre Winterszeit (Ruhe) bei uns im Sommer haben. Sie »ziehen« vollständig ein, d. h. sie verlieren alle Blätter und benötigen kaum Wasser. Diese Ruhe wird durch das Sichtbarwerden von Blütenknospen oder Laubblättern beendet. Sobald sich ein »Schopf« an der Basisstelle bildet, kündigt sich das rege Wachstum an, und es beginnt die intensive Pflege dieser Seltenheiten unter den Pelargonien.

Pelargonium incrassatum »zieht« nach der Blüte ein und treibt »schopfartig« in der neuen Saison aus

Gesunderhaltung

Die Pelargonie ist ein Musterbeispiel für hohe Aufwendungen auf dem Gebiet der Gesunderhaltung. Das hat gute Gründe:

Die Topfpflanze Nummer 1 ist in vielen Gärtnereien anzutreffen. Ihre steigende Beliebtheit beim Gärtner und Endverbraucher begünstigt den guten Absatz, wenn alle Beteiligten mit der Gesundheit der Pflanzen zufrieden sind und wenn ausreichendes Wissen über den Einsatz von Pflanzenschutzmitteln vorhanden ist. Dabei spielen auch vorbeugende Maßnahmen zur Verhinderung von Krankheiten, Schaderregern und Beschädigungen eine große Rolle. Die enorme Steigerung der Umsatzzahlen von dieser beliebten Beet- und Balkonpflanze wurde in der Vergangenheit erst mit rationellen Methoden der Vermehrung und der Gesunderhaltung möglich. Mit der Einführung des Sprühnebelsystems aus Kanada (1956) war der Weg zur schnellen Vermehrung, zur sogenannten weich kultivierten Jungpflanze eröffnet. Damit nahm eine große Anfälligkeit gegenüber der gefährlichen Pelargonien-Bakteriose sprunghaft zu. Diese Krankheit breitet sich schnell über den ganzen Bestand aus, die Pflanzen sterben ab und der Erreger läßt sich chemisch nicht bekämpfen. So ging man von der Überlegung aus, wenn überhaupt ein

Pflanzenteil der Pelargonie noch gesund sein sollte, d.h. frei von Bakterien, dann kann es nur die Sproßspitze betreffen. Sie wird von teilungsfähigem Gewebe gebildet und wächst den Erregern, die in den Leitungsbahnen zur Triebspitze vordringen, »davon«.

Um dem Ende der 60er Jahre drohenden Zusammenbruch der Pelargonienkultur zu begegnen, wurden Großversuche zu Methoden der Gewebekulturvermehrung von Mutterpflanzen begonnen, die seit Anfang der 70er Jahre in die Produktion überführt wurden.

Kriterien zur Pflanzenhygiene

Der Aufbau pathogenfreier Pelargonienmutterpflanzen im Spezialbetrieb erfordert eine ganze Kette von Arbeitsgängen. Gründlich müssen Therapiemaßnahmen, Gewebekultur und Testung auf Krankheitserreger durchgeführt werden. Die hohe Qualität der Pflanzen soll schließlich der Endverbraucher erhalten.

Heute gibt es weltweit Gesunderhaltungsprogramme, die Erfolg versprechen. Der europäische Binnenmarkt beendet jeden Alleingang von Jungpflanzenproduzenten eines Landes. Die bisher auf Länderebene festgelegte Richtlinie für Qualität von Jungpflanzen muß ab 1993 einer europäischen Norm entsprechen. Die Zertifizierung von Jungpflanzen ist angesagt. Für manche Betriebe wird diese gesetzliche Bestimmung zur Exportfalle, weil ihre Produkte nicht den EG-Bestimmungen entsprechen.

Pflanzenhygiene

Die Pflanzenhygiene kann als wichtigste Maßnahme im vorbeugenden Pflanzenschutz gelten, die mehr bedeutet als Sauberkeit in der gärtnerischen Umgebung oder die Anwendung von Desinfektionsmitteln, um die Übertragung von Krankheitserregern (der Fachmann spricht in diesem Fall von Vektoren (Überträgern)) auszuschließen.

Drei Kriterien sind wichtig:

1. Die Erhöhung der Widerstandsfähigkeit der Pflanzen durch optimale Bedingungen, z.B. Ernährung, Licht, Temperatur, Luft, Kohlendioxidgehalt u.a.m. sowie die Schaffung resistenter Sorten durch den Pflanzenzüchter.

2. Vermeidung von Schädigungen und Krankheiten durch ökologische Maßnahmen, z.B. Trokkenhalten oberirdischer Pflanzenteile oder Staunässe.

3. Fernhalten von Schaderregern, indem Infektionsherde von außen vermieden werden und eine interne Verschleppung von Keimen ausgeschlossen wird.

Krankheiten und Schaderreger

Krankheiten, Schaderreger und nichtparasitäre Erkrankungen können Pelargonien in jeder Entwicklungsstufe gefährden. Für den Blumenliebhaber ist es deshalb genauso wichtig wie für den Erzeuger, das Objekt oder den Bestand exakt zu betrachten und so rechtzeitig und mit Gewißheit den Erreger von Krankheiten bzw. Ursachen von Beschädigungen zu erkennen. Für den Einsatz von Nützlingen und/oder chemischen Pflanzenschutzmitteln werden heute sehr gute Fachkenntnisse gefordert. Durch den umfassenden Pflanzenschutz will man Pflanzenverluste senken, das Verhältnis von Aufwand zu Nutzen positiv beeinflussen.

Virusbedingte Krankheiten

Es ist nicht leicht, etwas über die Bedeutung, Verbreitung und schädliche Auswirkung der Pelargonienviren zu sagen, da hierfür in vielen Fällen keine zuverlässigen Aussagen zur Verfügung stehen. Viele Krankheitsbilder und Schäden wurden in der Vergangenheit den Viren zugeschrieben, ohne daß ein sicherer Nachweis dafür oder dagegen erbracht werden konnte. Erschwert wird die Klassifizierung von Symptomen und die Identifizierung des betreffenden Virus durch:

– Die Existenz von sogenannten Viruskomplexen in ein und derselben Pelargonie.

Das Erkennen und die Klassifizierung von Pelargonienviren ist schwierig

Überblick gesundaussehender (obere Reihe) bis verunstalteter Blüten (untere Reihe) durch den Befall mit Blütenfarbenbrechungs-Virus

– Die Ausprägung des Symptomes je nach Sorte, Umweltbedingungen (Licht, Temperatur) und Jahreszeit. Die Erkennbarkeit des Virus wird ständig verändert oder verschleiert.
– Die verborgene (latente) Existenz des Virus in der Pflanze führt dazu, daß die Infektionsgefahr unterschätzt oder sogar unbeachtet bleibt.

Besonders wichtige Pelargonienviren

Von den ungefähr 20 bei Pelargonien gefundenen Viren sind folgende von besonderer Wichtigkeit:
Pelargonienblattkräusel-Virus (PLCV)
Pelargonien-Ring-Mosaikvirus (PRPV)
Gurkenmosaik-Virus (CMV)
Pelargonienaderngelbnetz-Virus (PYNVV)
Tomatenschwarzring-Virus (TBRV)
Blütenfarbenbrechungs-Virus (PelFBV)
Tomatenringflecken-Virus (ToRSV)
Tabakringflecken-Virus (TRSV)

Bakterielle Krankheiten

Sie können bei Pelargonien besonders große Schäden verursachen.

Blättrige Gallen Corynebacterium fascians

Die Bakterien schädigen Zonal-, Efeu- und Edelpelargonien. Sie treten in der Nähe des Wurzelhalses als fleischig verdickte, entartete Achselsprosse mit kleinblättrigen Trieben blumenkohlartig auf. Am Stengel können knorplige Wülste bzw. Verdickungen auftreten. Das entartete, oft weiche Gewebe wird nicht selten von Grauschimmel befallen. Die Übertragung erfolgt durch verseuchtes Substrat, beim Putzen der Pflanzen und Ernten der Stecklinge. Eine chemische Bekämpfung ist nicht möglich, weil Bakterizide, z. B. Antibiotika, im Gartenbau nicht zugelassen sind. Hygiene auf Stellflächen, mit dem Substrat und Stecklingsmessern wirkt vorbeugend. Ein bloßes Entfernen der blättrigen Gallen hat keine heilende Wirkung.

Bakterielle Welke/Blattfleckenkrankheit/Stengelfäule Xanthomonas campestris pv pelargonii

Der Erreger befällt alle Pelargonien. Besonders tückisch, um Symptome zu erkennen, ist das Auftreten verschiedener Schadbilder. Zwei davon sind:

1. Die Welke und Stengelfäule äußern sich, indem vorzeitig von den untersten Blättern aus die Pflanzen abwelken und vertrocknen, ohne daß die Laubblätter abfallen. Die im Leitgewebe angesammelten Bakterien verursachen eine Verengung der »Leitbahnen« und es kommt zum Schlappen der Blätter bzw. Absterben von Pflanzenteilen und der ganzen Pflanze. Schneidet man einen Trieb, der von einer kranken Pflanze stammt, die einem hohen Infektionsdruck ausgesetzt ist, durch, kann sogar ein dicker, hoch infektiöser Schleim austreten. Blattstiele und Stengelteile schwärzen sich, es kommt anschließend zur Trockenfäule.

2. Die Blattflecken zeigen sich zunächst an den Blattunterseiten in Form von wäßrigen, durchscheinenden, kleinen, später bis 5 mm großen Flecken. Wenn das innere Gewebe abstirbt, werden die Flecke auch auf der Oberseite deutlich. Ein heller und durchscheinender Hof umgibt die ölig-braunen Flecke, die auch als größere Stellen in Erscheinung treten können. Vor allem ältere Blätter werden befallen und die Pflanzen welken nicht, im Gegensatz zur Stengelfäule. Die Blätter verfärben sich braun, und wenn die Bakterien zum Stengel übertreten, stirbt die Pflanze ab.
Bakterien überdauern in befallenen Pflanzen, abgestorbenen Pflanzengeweben, an Gerätschaften, Substraten usw. mindestens ein Jahr lang. Die größten Gefahren der Übertragung sind Stecklingsernte, Hände, Schnittwerkzeuge, Wasserspritzer oder Staunässe und Insekten.

Pilzliche Krankheiten

Pelargonienrost
Puccinia pelargonii zonalis

Er befällt vorwiegend Zonalpelargonien. Bei Befall treten an der Blattoberseite gelbe, punktartige Flecken von etwa 5 mm Größe auf, die sich später von der Mitte her braun färben. Auf der Blattunterseite bilden sich braune Sporenhäufchen (»Rostpusteln«) mit typischer Ringbildung. Stark befallene Blätter vergilben, vertrocknen und sterben ab. Das Optimum für das Keimen der Sporen liegt bei 11 bis 23 °C und einer hohen Luftfeuchtigkeit. Die Sporen werden bei Kulturarbeiten, durch Wasserspritzer oder durch Wind auf Nachbarpflanzen übertragen. Eine ganzjährige Überwachung aller Pelargonien ist sehr wichtig. Eventuell befallene Blätter sollten entfernt und vernichtet, nicht kompostiert werden.

Umfallkrankheit und Schwarzbeinigkeit

Sie werden meistens durch Mischinfektionen von verschiedenen bodenbürdigen Pilzen hervorgerufen *(Pythium debaryanum, Rhizoctonia solani* und *Thielaviopsis basicole).* Oft wirken stark torfhaltige Substrate mit Staunässe für die Schwarzbeinigkeit bei Keimlingen und Jungpflanzen begünstigend. Der Pilz überdauert an Erdpartikeln und an Pflanzenresten. Innerhalb der ersten Tage können Sämlinge in der Aussaatschale am Wurzelhals schwarz werden und umfallen. Stecklinge werden meist in den ersten Tagen vor der Kallusbildung befallen.

Eine besonders gefährdete Stelle liegt dort, wo der Stengel das Substrat verläßt. Sekundär kann *Botrytis* auftreten. Trauermücken legen bevorzugt ihre Eier in das geschädigte Pflanzengewebe, wo die Larven sekundär schaden. Zur Bekämpfung sind äußerste Sauberkeit und Pflanzenhygiene wichtig. Spezielle chemische Mittel sind im Fachhandel erhältlich.

Grauschimmel
Botrytis cinerea

Die Krankheit tritt an allen oberirdischen Pflanzenteilen auf. Es bilden sich hellbraune Nekrosen, auf denen sich bei hoher Luftfeuchtigkeit ein mausgrauer Schimmelrasen bildet. Mangelnde Sauberkeit, engerer Pflanzenstand, übermäßige Feuchtigkeit, »stehende« Luft (»totes Klima«), Lichtmangel und hohe Stickstoffgaben fördern den Befall. Im Herbst und Winter sollen Pelargonien kühl, luftig und nicht zu eng stehen. Das Laub darf nicht naß in die Nacht gehen. Deshalb sind Vormittagsstunden zum Gießen zu bevorzugen. Pflanzliche Abfälle sind aus dem Raum, wo Pelargonien stehen, zu entfernen.

Pythium-, Wurzel- und Stengelgrundfäule
Pythium-Arten

Die Krankheit tritt vorwiegend an Stecklingen während der Wurzelbildung auf, selten an älteren Pflanzen. Die Erreger sind viele *Phytium*-Arten, die in Erde und Pflanzenresten überdauern. Sie befinden sich in nicht entseuchter Komposterde und auf Beeten. Kommt es bei Pelargonien zum Wachstumsstau, so ist mit *Pythium*-Befall zu rechnen. Stecklinge und auch größere Pflanzen welken. Die Wurzeln werden glasig-faul, der Wurzelhals grünschwarz und naßfaul. Das Schadbild gleicht sehr demjenigen, das durch *Rhizoctonia solani* verursacht wird.

Häufig sind pilzliche Mischinfektionen die Ursache für Umfallkrankheit und Schwarzbeinigkeit

Tierische Schaderreger

Die biologische Schädlingsbekämpfung ist heute bereits im Erwerbsgartenbau mit genau so großem Erfolg möglich, wie für den Hobbygärtner am Blumenfenster oder im Wintergarten. Die Zucht und der Vertrieb von Nützlingen macht biologische Schädlingsbekämpfung bei folgen-

Biologische Schädlingsbekämpfung ist für den Erwerbsgärtner ebenso wie für den Hobbygärtner möglich

den tierischen Schaderregern möglich:
— gegen Blattläuse
Gallmücken *(Aphidoletes aphidimyca)* und der
Blattlausparasit *(Aphidius matricaria)*
— gegen Spinnmilben
Raubmilben *(Phytoseiulus persimilis)*
— gegen Weiße Fliege
Schlupfwespen *(Encarisa formosa)*
— gegen Blasenfüße
Raubmilben *(Amblyseius cucumeris)*.

Blattläuse
Aphidina

Es handelt sich um Pflanzensauger, deren Vermehrung durch Trockenheit und Wärme gefördert wird. Die Beschädigung der Pelargonien äußert sich durch Gelbfleckigkeit, Kräuseln und Einrollen der Blätter, Verkrümmung der Triebspitzen und durch Übertragung zahlreicher Viren und Bakterien. Die Ausscheidungen der Blattläuse verkleben die Blätter und bilden den Nährboden für »Rußtaupilze«. Bei hohen Temperaturen können sich Blattläuse sehr schnell vermehren, deshalb sind Pflanzenschutzmittel rechtzeitig einzusetzen, wenn man sich für die chemische Bekämpfung entschlossen hat.

Spinnmilben
Tetranychus urticae

Das sind die kleinsten Spinnentiere, oft nur 0,5 mm groß. An Pelargonien kommt vorwiegend auf der Blattunterseite die sogenannte »Rote Spinne« vor. Sie überzieht die Blätter mit einem Gespinst. Trockene, warme Luft begünstigt die Vermehrung der Milben. Befallene Pflanzen reagieren mit Vergilben einzelner Blätter, Blattränder trocknen ein, Pflanzen können absterben. Deshalb sollten die Spinnmilben gleich beim ersten Auftreten wahrgenommen und sofort Maßnahmen eingeleitet werden, bevor es zu einer Invasion kommt. Chemische Bekämpfungsmittel (Akarizide) können über den Kontakt zum Tier helfen.

Weiße Fliege/Mottenschildlaus
Trialeurodes varorariorum

Dieser Schädling bevorzugt die Edelpelargonien und sehr viele Pelargonienwildarten. Die Larven schädigen die Pflanzen durch Saugen und durch die Verschmutzung der Blätter mit Kot, der als »Honigtau« bezeichnet wird.

Er bedingt den Pilzbefall (Rußtaubildung). Die Blätter können vergilben und absterben. Das Aufhängen von gelben Leimtafeln ermöglicht das Fangen des Vollinsektes (adultes Tier).

Blasenfuß
Frankliniella occidentalis

Um den Befall rechtzeitig zu erkennen, sollte man blaue Leimtafeln über die gefährdeten Pflanzen hängen. Thripse können auch Korkflecken an den Blattunterseiten der Efeupelargonien verursachen. Die Blätter zeigen punktartige, später flächige Aufhellungen (»Verbronzung«). Bevorzugt werden Blüten und Knospen befallen, sie welken vorzeitig oder sterben ab. Der Kalifornische Thrips kann auf Pelargonien das Tomatenbronzeflecken-Virus übertragen.

Damit es nicht zur Ausbildung einer Resistenz kommt, sollten bei Anwendung chemischer Mittel die Wirkstoffe gewechselt werden.

Trauermücken
Sciara- und Lycoria-Arten

Dabei handelt es sich um Larven von Mücken, die in großen Scharen auftreten. Sie fressen bei Mangel an Fäulnisstoffen auch lebendes Pflanzengewebe. Zerfressene Wurzeln oder Löcher am Wurzelhals sind die Folge, sekundär kann Schwarzbeinigkeit auftreten. Vorbeugend kommt zur Bekämpfung in Frage: Substrate gut entseuchen, Pfützen- sowie Algenbildung vermeiden und feuchte Torfreste nicht liegen lassen.

Zur Bekämpfung hänge man gelbe Leimtafeln über die Pelargonien. Weiterhin kann dem Kultursubstrat z. B. ein handelsübliches Granulat gegen Larven untergemischt werden. Spätere Behandlungen können durch Spritzen oder Gießen mit Lösungen erfolgen.

Raupen verschiedener Falter (z. B. vom Kohlweißling) sind Gelegenheitsschädlinge. Sie schlüpfen aus Eiern, die auf Blattunterseiten abgelegt sind und fressen oft nur nachts ungeheure Mengen an Blättern, Blüten und gelegentlich auch Knospen.

Es empfiehlt sich an frühen Morgenstunden das Absammeln der Raupen nach vorherigem Erschüttern, z. B. Anklopfen mit einem Hölzchen an der Basis der Pflanze. Zum Einsatz können auch Fraßinsektizide gelangen.

Die chemischen Pflanzenschutzmittel sollten nur dann angewendet werden, wenn biologische Methoden zur Bekämpfung der Schaderreger nicht ausreichen. In diesem Falle sind nur die im amtlichen Pflanzenschutzmittelverzeichnis genannten zu verwenden. Dabei sind die Gebrauchsanweisungen der Hersteller zu beachten, insbesondere sind die Giftigkeit und die Mischbarkeit verschiedener Präparate untereinander zu berücksichtigen.

Beschädigungen

Bei Pelargonien können viele Erscheinungen zu Schäden führen, die von keinen parasitären Lebewesen oder tierischen Erregern hervorgerufen werden.

Blattverfärbungen

Wachsartige Vergilbungen

Lichtmangel oder **extreme Temperaturen**, d. h. über 35 °C oder um 5 °C, führen zu wachsartigen Vergilbungen im Vegetationsbereich. Insbesondere Efeupelargonien neigen dazu. Darauf sollte bereits der Züchter achten. Bei normalen Wachstumsbedingungen verliert sich der Chlorophyllmangel wieder.

Rotfärbung

Bei **Stickstoff-Kalium-Mangel** kann die Pflanze mit rötlicher Verfärbung reagieren. Zunächst tritt diese Veränderung an den unteren Pflanzenteilen auf, da die Assimilate in die wachstumsaktiven Teile verlagert werden. Die Rotfärbung tritt in Verbindung mit hoher Lichtintensität und gleichzeitig tiefen Temperaturen auf. Pelargonien benötigen während und/oder nach einem strahlungsreichen Tag viel Wärme, um die Assimilate zu verlagern und zu verarbeiten und nicht zu veratmen.

Manche Efeupelargonien-Sorten reagieren bei großer Hitze oder extrem niedrigen Temperaturen mit gelbweißlichen Laubblättern

Helle bis gelbe Blattzwischenfelder

Magnesium-Mangel äußert sich durch ein starkes Aufhellen der Blattzwischenfelder (bis gelb) bei den älteren Blättern. Die Blattadern weisen einen breiten, grünen Saum auf. Die Spitzen und Ränder sind aufwärts gewölbt.

Gelb-weiße Blattzwischenfelder

Auf **Eisenmangel** reagieren die jüngsten Laubblätter zuerst mit gelb-weißen Blattzwischenfeldern, wobei die Hauptadern scharf grün abgesetzt bleiben. Oft tritt diese chlorotische Erscheinung bei Staunässe auf.

Korksucht

Korkflecken oder auch Korksucht bzw. Ödeme genannt treten vorwiegend an den Blattunterseiten der Efeupelargonien auf. Es handelt sich um grüne bis braune korkartige Pusteln und Schwielen. Diese Symptome treten meist als Folge von starken Schwankungen im Wasserhaushalt der Pflanze bei gleichzeitig hoher Luftfeuchtigkeit und niedriger Lichtintensität auf. Schadursache sind platzende Epidermiszellen. Ähnliche Schadbilder können Weichhautmilben hervorrufen.

Als Maßnahme gegen die Korkfleckensucht empfiehlt sich: nur an hellen, sonnigen Tagen in den Vormittagsstunden gießen und bei trübem, nassem, kaltem Wetter vorsichtig düngen; reichlich lüften; nicht zu enger Pflanzenabstand; niedrige Luftfeuchtigkeit anstreben.

Aufplatzen des Blütenstengels (»Halsbruch«)

Manche Zonalpelargoniensorten neigen besonders zu dieser nichtparasitären Erscheinung. Der Blütenstand kann bereits in der Knospenform querplatzen. Das freiliegende Gewebe verkorkt, der Blütenstand bricht ab oder entwickelt sich kümmerlich. Die Ursache ist eine plötzliche Wasseraufnahme nach großer Trockenheit und eine hohe Luftfeuchtigkeit, so daß die Verdunstung eingeschränkt ist.

Salzschaden

Der Gesamtsalzgehalt darf bei Pelargonien weder bei Jung- noch bei Fertig- oder Mutterpflanzen überschritten werden. Die Schäden äußern sich stets in negativen Veränderungen des Wurzelbereiches. Ein gestörtes Triebwachstum, z. B. Vergilben der Blätter, ist die Folge.

Terrassenschmuck mit buntbepflanztem Kasten aus Holz und einem Gefäß aus Terrakotta

Pflanzung, Benachbarung und Kombination mit anderen Pflanzen

Pelargonien als Fensterschmuck, auch hinter Gittern noch wirkungsvoll

Pflanzung in Gefäße

Die Pelargonie ist der Europäer liebstes Kind auf dem Balkon. Sie muß in Blumenkästen, Kübeln, Schalen oder Ampeln untergebracht werden, damit ein Balkon zu einem blühenden, mobilen Garten wird. Immer hat der Mensch dafür zu sorgen, daß die Pflanzen nicht austrocknen. Regen allein genügt nicht. Gepflanzt wird wo und wie es gefällt. Die Gefäße können ganz nach Lust und Phantasie gewählt werden. So können Blütenträume aus Hängeampeln schwingen. Immer ist Kreativität gefragt – und mit den schönen Pelargonien wächst die Begeisterung.

Pflanzgefäße

Bevor die Wahl der Pflanzenarten und Sorten beginnt, ist die Entscheidung für das Gefäßmaterial, die Maße und das Aufstellen bzw. Anbringen der Gefäße zu treffen.

Folgende Materialien haben sich für Pflanzgefäße bewährt:

Holz hat den Vorteil, daß die Luft gut zirkuliert. Es wirkt rustikal. Ein Nachteil ist, daß es ohne wetterfeste Behandlung nach einigen Jahren verwittert.

Stein findet als Naturstein und als Kunststein besonders für Tröge Verwendung.

Terrakotta gibt es in rustikaler aber auch in exklusiver Form. Das Material ist sehr pflanzenfreundlich. Ein Nachteil ist, daß nicht immer Frosthärte gewährleistet ist.

Keramik bietet bei unglasierten Gefäßen den Vorteil der günstigen Temperatur- und Wasserregulierung. Nachteilig wirkt sich die große Masse beim Transport aus und, daß Keramik nicht immer wetterbeständig ist.

Eternit wird nicht mehr aus gesundheitsschädigendem Asbest hergestellt, sondern aus speziell entwickelten Synthesefasern. Das Material ist sehr haltbar und und in vielen Farben erhältlich. Der Nachteil ist bei Balkonkästen die Masse. Stabile Halterungen sind für Kästen nötig.

Kunststoff ist leicht, sehr haltbar und in vielen Farben auf dem Markt erhältlich. Leer sind die Gefäße meistens stapelbar. Aufgrund der geringen Masse muß die Standfestigkeit Beachtung finden.

Bewässerung

Bevor Pelagonien in Pflanzgefäße gelangen, sollte die Bewässerung bedacht sein. Der Fachhandel bietet Beratung oder die

Die dunkellaubige Pelargoniensorte pelfi® 'Rio' kombiniert mit Duftsteinrich, Männertreu und der gelbblühenden *Lysimachia* ('Lysi')

Installation von Bewässerungstechniken an. Die automatische Wasserversorgung von Balkonkästen, Ampeln und anderen Gefäßen ist heute technisch möglich. Es müssen Kenntnisse vorhanden sein über den Wasserverbrauch der Pflanzen in Abhängigkeit von Wachstum, Standort und Wetter und den Wasserhaushalt des Substrates sowie Wissen über die sichere Anwendung der Technik.

Im Laufe des Sommers nimmt der Wasserverbrauch der Pflanzen zu

Der **Wasserverbrauch** richtet sich nach der sogenannten effektiven Vegetationsfläche der Pflanzen im Gefäß. Versuche ergaben bei der Lehr- und Versuchsanstalt Heidelberg, daß zur Pflanzzeit (Anfang Mai) ein 1 m langer Balkonkasten mit *Pelargonium-Peltatum*-Hybriden bepflanzt, eine Vegetationsfläche von 0,2 qm aufweist. Diese Fläche nimmt im Laufe des Sommers bis maximal 1,2 qm zu. In gleichem Maße steigt der Wasserverbrauch um ein Mehrfaches. Der sonnige, ungeschützte Standort fordert die höchsten Wassergaben. Der Einfluß des Wetters kann durch starke Bewölkung bei hoher Luftfeuchte und Windstille im Sommer eine Einsparung von 50% des Gießwassers bedeuten. Die Boden- bzw. Substratfeuchte ist für den Wasserverbrauch der Pflanzen sehr entscheidend. Pelargonien sind gegenüber großen Schwankungen, d.h. vorübergehend starkes Austrocknen des Wurzelraumes erstaunlich unempfindlich. Nach Möglichkeit gießt man morgens und bei großer Hitze noch zusätzlich abends.

Es sollte in geringeren Mengen, dafür ein- bis zweimal täglich gegossen werden

Die **Wassergaben** richten sich nach dem Volumen und der Beschaffenheit des Substrates. Für einen 1 m langen Balkonkasten mit 28 l Substrat rechnet man mit 5,6 l Wasser (≙ 20% Wassergehalt), für eine Ampel mit 6 l Substrat entsprechend nur 1,2 l Wasser. Die Wassermengen, die den Pflanzen zur Verfügung stehen, sind somit sehr gering. Oft reicht der Wasservorrat nur wenige Stunden. Es sollte gegossen werden, wenn 50% des pflanzenverfügbaren Wassers verbraucht sind. Man sollte gießen, wenn das Substrat noch feucht ist, und zwar in geringen Gaben. Das Motto »Viel hilft viel« gilt hierbei nicht. Wirkungsvoll ist ein Bewässern am Abend oder in der Nacht, weil zu dieser Zeit die Verdunstung 20 bis 30% geringer als am Tag ist. Besonders schwierig sind kleine Pflanzgefäße, z.B. Ampeln oder Bonsaischalen, entsprechend der Vegetationsflächen mit Wasser optimal zu versorgen.

Verschiedene Bewässerungsarten erfüllen bis heute nur teilweise die Forderungen an eine gleichmäßige Wasserverteilung im Gefäß. Das **Gießen** mit der Kanne oder mit Schlauch und Brause ist wohl noch die häufigste Art der Balkonkastenbewässerung, die zur gleichmäßigen Wasserverteilung führt. Die regelmäßige persönliche Betreuung der Balkonpflanzen weicht aus Zeitgründen immer mehr einer automatischen Bewässerung.

Die **Wasserversorgung** der Gefäße **über Dochte oder Vlies**, gespeist aus einem Wasserspeicher, hat sich in der Praxis bewährt. Der Vorteil dieser Art liegt in der langsamen (schonenden) Zuführung von Wasser in das Substrat und der Nachteil in der konzentrischen Verteilung, d.h. ungleichmäßigen Durchfeuchtung. Diese Art der Bewässerung unterliegt physikalischen Gesetzmäßigkeiten und entspricht nur annäherungsweise dem Bedarf der Pflanzen.

Die **Tröpfchenbewässerung** mit Einzeltropfern hat sich für Balkonkästen, Ampeln und andere Gefäße bewährt, obwohl die Wasserverteilung auch hierbei konzentrisch ist. Man spricht von einer »Bewässerungszwiebel«. Ist diese groß, herrscht ein gutes Wasserverteilungsprinzip. Bei einem 1 m langen Balkonkasten genügen 4 bis 5 Tropfen. Wichtig für den Erfolg der horizontalen Wasserverteilung ist, daß Bodenschluß herrscht, d.h. das Substrat muß angedrückt und nicht lose geschüttet und anfangs gut angegossen sein, sonst fließt das Wasser vom Tropfer fast geradlinig durch das Substrat hindurch, ohne sich zu verteilen.

Die Bewässerung kann **automatisch oder halbautomatisch** erfolgen, entsprechend der Auffüllung des Wasserspeichers. Wird er automatisch gefüllt, spricht man von Vollautomatik, wird er über ein Einfüllrohr ein- bis zweimal wöchentlich von Hand gefüllt, handelt es sich um eine halbautomatische Bewässerung. Umfangreiche Versuchsergebnisse von 1991 in Heidelberg lassen den Schluß zu, daß die Steuerung der Wasserversorgung über Tensioschalter zur Zeit die beste funktionierende und bedarfsorientierte Bewässerungsautomatik in Balkonkästen und Ampeln ist.

Noch ein Wort zur **Urlaubsvertretung**. Nicht selten ist es vorbei mit der Balkonschönheit, wenn auch der Urlaub beendet ist. Unerfahrene Personen gießen ganz allgemein viel zu wenig und achten außerdem nicht rechtzeitig auf Schaderreger. Man sollte der Vertretung große Bedeutung beimessen und eine gute Wahl treffen bzw. vorher alles genau besprechen und sogar üben. Trockenschäden an Balkonpflanzen lassen sich bis zum Sommerende nicht wieder ausgleichen.

Substrat

Das Substrat für Gefäße muß möglichst jedes Jahr frisch sein. Daran darf man nicht sparen. Das Substrat des Vorjahres kommt auf den Kompost oder in die Biotonne. Einfache »Blumenerde« eignet sich gut, wenn sie frei von Schaderregern und Unkrautsamen ist und optimal mit Nährstoffen versorgt wurde. Die Bezeichnung gärtnerische Erden betreffen eigentlich Grundstoffe wie Kompost- und Lauberde, die durch Kompostierung in der Gärtnerei selbst gewonnen werden. Substrate dagegen sind vorwiegend aus betriebsfremden Materialien wie Torf, Ton, Sand, Nadelstreu hergestellt. Handelsübliche Substrate besitzen eine gute Struktur, verschlammen nicht.

Eigene Mischungen sollen schon im Herbst vorbereitet werden, nur der Mineraldünger bzw. Langzeitdünger (auch Depotdünger) wird erst kurz vor der Verwendung hinzugefügt. Man nehme je einen Teil Kompost und mürbe Rasenerde oder Lehmboden. Etwas weniger als einen halben Teil Torf und die gleiche Menge kalkfreien Sand. Einen zehnten Teil kann man zur Strukturverbesserung, z. B. Styropur, Perlit, Reisspelzen, Kokosfasern oder Rinde zufügen. Am besten werden die reinen Erdteile zuerst entseucht, d. h. gedämpft. Der Mischung füge man pro 1 l Erde etwa 20 g Volldünger zu. Damit wird der Kalium- und Phosphorhaushalt abgesichert.

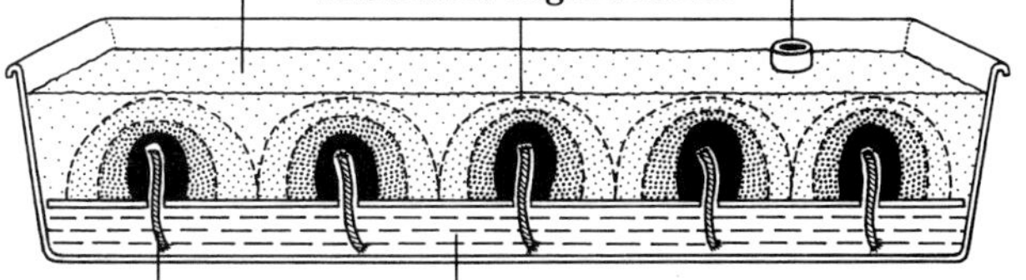

Balkonkasten mit Wasserselbstversorgung

Düngung

Das Düngen beginnt man ungefähr zwei bis vier Wochen nach dem Pflanzen. Als Empfehlung gilt pro Woche 2 bis 3 g Volldünger (1 gestrichener Teelöffel voll) je Liter Wasser. Danach muß mit klarem Wasser abgebraust werden. Bei Ampelpflanzen ist ein Tauchen in eine 0,1%ige (d. h. 1 g/l Wasser) Düngerlösung am günstigsten. Bei dieser Konzentration nehmen Pflanzenteile auch dann keinen Schaden, wenn sie in Berührung der Lösung geraten, ohne hinterher mit klarem Wasser abgebraust zu werden. Vor jedem Düngen ist das Substrat anzufeuchten, um Wurzelschäden zu vermeiden.

Gestalten mit Pflanzen

Pflanzgefäße siehe Seite 44

Das Bepflanzen beginnt mit dem Füllen der Gefäße meistens vor Ort. Zuvor muß auf Wasserabzugslöcher kontrolliert werden. Diese sind mit Tonscherben oder grobem Kies abzudecken. Das Substrat sollte handfeucht sein, also nicht rieselig trokken oder klumpig naß. Es muß ange-

Zwei verschiedene 'Ville de Paris'-Sorten übereinander angeordnet

drückt werden, wobei ein Gießrand von 2 cm belassen werden sollte.

Einheitliche Bepflanzung

Bei einheitlicher Bepflanzung mit Pelargonien muß der Forderung Rechnung getragen werden, daß diese Balkonpflanzen »Ellenbogenfreiheit« benötigen. Auf einen laufenden Meter pflanzt man fünf Pelargonien. Auf Balkons, die durch Eisengitter gesichert sind, können bepflanzte Kästen als »Doppeldecker« sowohl am Geländer befestigt als auch unten auf den Boden gestellt werden. Das ergibt wahre Blüten-Paradiese. Bei hängenden Pelargonien pflanzt man diese leicht geneigt nach vorn, dem Licht zugewandt. Blumenkästen mit scharfen Kanten sollte man z. B. mit einem aufgeschlitzten Wasserschlauch versehen, damit die durch Blumen und Blätter schweren Triebe nicht im Wind durchgerieben werden und abbrechen. Die Sorten mit dem 'Ville de Paris'-Charakter können bei guter Pflege meterlange Triebe bilden und von Mai bis Oktober bis zu 200 Blütenstände pro Pflanze bilden. Die meisten Efeupelargonien vertragen auch Halbschatten, Wind, Regen und hohe Temperaturen. Gefüllt- und halbgefülltblühende Pelargonien sind in

Ampeln von Efeupelargonien übereinander angeordnet – ein reizvoller Anblick

Gefäßen besonders gut untergebracht, weil im Gegensatz zur Beetbepflanzung um sie herum die Luft zirkulieren kann und ein schnelles Abtrocknen der Blütenstände und Einzelblüten sowie des Laubes möglich ist.

Kombinieren mit anderen Pflanzen

Bewährte Begleitpflanzen für Pelargonien siehe Tabelle Seite 53

Farbenfrohe Bepflanzungen mit Beet- und Balkonpflanzen bzw. Sommerblumen nehmen an Beliebtheit zu. Sie erfordern jedoch mehr Sachkenntnis, um pflanzenbaulich harmonische Kombinationen zusammenzustellen. Andere Pflanzen können auch bei Pelargonien als Beiwerk dienen, so wie Schnittgrün zu einem Strauß Blumen paßt. Für ein gutes Farbempfinden muß in knospigem Zustand der Pflanzen eine genaue Arten- bzw. Sortenwahl vorausgehen.

In der Natur stören sich Farben gegenseitig nicht. Trotzdem vermeidet man die Begegnung von sich »beißenden« Farben. Dazu neigen besonders die roten und purpurfarbenen Töne. Einem Samtrot von Pe-

Edelpelargonien im Kontrast zu gelbblühenden Lilien

Hängende Pelargonien mit meterlangem *Plectranthus coleoides* 'Marginatus' als Blattschmuck

largonien gibt man nicht dunkelblau blühende Balkonpflanzen zur Nachbarschaft. Es ist besser, wenn sich z. B. neutrale Farben in Weiß hinzugesellen.

Eine Modeerscheinung ist auch das Pflanzen Ton in Ton. Diese Farbgestaltung läßt sich bei Pelargonien gut realisieren, weil es die stehenden Zonal- und die hängenden Efeupelargonien gibt, die viel Abwechslung bieten.

Einem Orange fügt man gern das Blau von Lobelien oder Petunien hinzu. Das auffällige Zitronengelb von *Calceolaria* oder *Tagetes* paßt gut zu Pink. Auch sollte schmückendes, unauffällig blühendes Beiwerk wie *Senecio* in silbernem Ton, mit wunderschönen, gezackten Laubblättern sowie *Plectranthus* mit seinen sehr dekorativen langen Trieben, die wie Schnüre wirken, nicht in der Wirkung unterschätzt werden.

Senecio kann für die Augen eine Wohltat sein, weil sie sich bei dessen Anblick ausruhen können, bevor der Blick zur nächsten wohl möglich aufregenden Blütenfarbe wandert. Die langen Triebe des *Plectranthus* schaffen eine Gliederung innerhalb des Gefäßes oder stellen eine Verbindung zur nächsten, darunterliegenden Etage oder Wohnbereich her. Im Volksmund ist diese Pflanze auch als »Mottenkönig« beliebt und bekannt.

Bei der Bepflanzung von Beeten und Balkons mit Pelargonien und deren Pflege sollten einige allgemeine Gesichtspunkte beachtet werden

> Einige allgemeine Gesichtspunkte sind bei der Anordnung und Pflege zu beachten:
>
> 1. Zu jeder Kombination gehört eine dominierende Zierpflanzenart als Leitpflanze, die auf keinen Fall zur Blühpause neigt.
>
> 2. Begleitende Pflanzenarten werden um die Leitpflanze gruppiert, sie müssen sich farblich unterordnen bzw. ergänzen.
>
> 3. Hängende Zierpflanzenarten verleihen den Balkonkästen den Ausdruck von Fülle und Üppigkeit. Der Wurzelballen dieser Pflanzen sollte schräg eingesetzt werden. Das fördert das »Hängen« der Blütentriebe.
>
> 4. An die Verwendung duftender Pflanzen ist ebenfalls zu denken, z.B. Heliotrop (Vanillegeruch) und Duftsteinrich, sowie auch ausdauernder Lavendel.
>
> 5. Wenn eine Pflanzenart gegen Ende des Sommers auf Dauer verblüht ist, sollte diese zurückgeschnitten oder ganz entfernt werden und z.B. durch blühende Sommer-Topfpflanzen oder durch Topfchrysanthemen ersetzt werden.
>
> 6. Da fast alle Beet- und Balkonpflanzen jedes Jahr neu vermehrt werden müssen, schließt sich der Entwicklungskreislauf mit der Ausbildung von reifen Samen. Deshalb sollte man immer rechtzeitig Fruchtansätze entfernen, um neuen Knospenansatz und die Seitentriebbildung zu fördern.
>
> 7. Eine bunte Bepflanzung wird während des Sommers bevorzugt von Schmetterlingen, Bienen und Hummeln aufgesucht, deshalb ist Vorsicht geboten bei der Anwendung von Pflanzenschutzmitteln.

Beidseitiges Bepflanzen von Balkonkästen ist für zwei Ansichten von Vorteil. Die Kästen müssen für dieses Vorhaben mindestens 20 cm breit, 15 bis 20 cm hoch sein und Wasserabzugslöcher besitzen, wenn sie ohne Wasservorratsbehälter genutzt werden. Die Vorderseite kann von vorübergehenden Passanten bewundert werden und schmückt das Haus. Die Rückseite sollte den Balkongärtner zufriedenstellen, wenn er auf seinem Balkon die Freizeit verbringt. Immer häufiger wird von seiten des Erwerbsgartenbaus für den Aufenthalt inmitten des selbstangelegten Blumenmeeres geworben. So lautete 1991 auf der Bundesgartenschau in Dortmund ein Motto »Auf nach Balkonien«. Auf die Vorderseite gehören lichtbedürftige Beet- und Balkonpflanzen, hinter ihnen können in der zweiten Reihe Zonalpelargonien stehen, denn diese wachsen rasch und wenden sich immer dem Licht zu. Wenn es der Platz im Kasten erlaubt, kann man in die Pflanzlücken z.B. Lobelien (im Volksmund (»Männertreu« genannt) mit blauen bzw. weißen Blüten oder Hängefuchsien (mit einem riesigen Sortenspektrum) so pflanzen, daß sie zur Rückseite geneigt, sich auch im Schatten gut entwickeln. Dadurch hat auch die Rückansicht für den Betrachter seine Blütenpracht.

In der Tabelle auf S. 53 sind diejenigen Pflanzengattungen bzw. -arten und -sorten zusammengestellt, die sich als Begleitpflanzen für Pelargonien über viele Jahre bewährt haben.

Für die Pflanzung verschiedener Arten von Beet- und Balkonpflanzen nebeneinander (Benachbarung) gibt es die sogenannten Klassiker wie Pelargonien, Petunien, Lobelien, Studentenblumen oder Fuchsien mit einer Spitzenposition auf der Beliebtheitsskala der Käufer. Die vegetativ vermehrbaren *Impatiens-Neu-Guinea*-Hybriden (»Großes Fleißiges Lieschen«) haben in den letzten Jahren einen nicht vorhergesehenen Aufschwung erfahren. Sie sollten für die bunte Bepflanzung großer Gefäße in Nachbarschaft mit Zonalpelargonien nicht fehlen.

Bewährte Begleitpflanzen für Pelargonien

(s . . . stehend, h . . . hängend)

Botanischer Name	Deutsche Bezeichnung	Wuchs	Blütenfarbe
Ageratum houstonianum	Leberbalsam	s	blau, violett
Begonia-Elatior- Hybriden 'Charisma'	Schiefblatt	s	orange, korallenrosa
Begonia-Semperflorens- Hybriden	Eisbegonie	s	rosa, rot
Begonia-Tuberhybrida	Knollenbegonie	h	weiß, gelb, orange, rot
Brachyscome multifida	Blaues Gänseblümchen	h	blau
Calceolaria integrifolia	Pantoffelblume	h	gelb
Calendula officinalis	Gartenringelblume (Zwergsorten)	s	gelb, orange
Callistephus chinensis	Sommeraster (Topf-Sorten)	s	rosa, rot, blau
Celosia argentea var. *cristata*	Hahnenkamm	s	gelb, rosa, rot
Celosia argentea plumosa	Federbuschhahnenkamm	s	gelb, rosa, rot
Chrysanthemum bracteatum	Gartenchrysantheme	s	weiß, gelb, bronze, rot, rosa purpur
Chrysanthemum frutescens	Strauchmargerite	s	weiß
Chrysanthemum multicaule	Zwerg-Wucherblume	s	goldgelb
Chrysanthemum paludosum	Zwerg-Wucherblume	s	reinweiß mit gelber Mitte
Cuphea ignea	Zigarettenblümchen	s	granatrot mit schwarz
Dahlia-Hybriden	Gartendahlie (Zwergsorte)	s	gelb, rot
Dianthus chinensis	Kaisernelke	s	weiß, rot, violett
Fuchsia-Hybride	Gartenfuchsie	s+h	weiß,rot, blau, violett
Gazania-Hybride	Gazanie	s	gelb, bronze
Helichrysum bracteatum	Gartenstrohblume	s	weiß, gelb, orange, rot
Heliotropium arborescens	Heliotrop	s	blauviolett
Heterocentron-Hybride	Schöner Rosamund	h	rosa
Impatiens-Neu-Guinea	»Großes« Fleißiges Lieschen	h	in verschiedenen Blüten- und Blattfarben
Impatiens walleriana	Fleißiges Lieschen	h	weiß, rosa, rot, orange
Lantana-Camara-Hybride	Wandelröschen	s	rot, gelb
Lobelia erinus	Männertreu	h	blau
Lobularia maritima	Duftsteinrich	h	weiß, violett
Lysimachia congestiflora	»Lysi« genannt	h	gelb
Melampodium paludosum	Sterntaler	s	gelb
Nicotiana sanderae hort.	Ziertabak (niedrige Sorten)	s	weiß, purpur
Petunia-Hybride	Gartenpetunie	s+h	weiß, rot, blau, zweifarbig
'Surfina'-Petunia		h	purpur
Phlox drummondii	Flammenblume	s	verschiedene Farben
Plectranthus coleoides 'Marginatus'	Harfenstrauch	h	als Blattschmuckpflanze
Portulaca grandiflora	Portulakröschen	s	verschiedene Farben
Salvia splendens	Feuersalbei	s	rot, lachs, creme, violett
Sanvitalia procumbens	Husarenkopf	h	gelb
Scaevola aemula	Fächerblume	h	blau-violett
Senecio bicolor	Kreuzkraut	s	als Blattschmuckpflanze
Tagetes-Patula-Hybride	Studentenblume	s	gelb, orange, rot, bronze
Verbena-Hybride	Gartenverbene	h	blau, rot, violett
Zinnia elegans	Gartenzinnie	s	verschiedene Farben

Balkonkasten mit Gartenfuchsien, weißen Knollenbegonien, Strauchmargerite 'Lilliput', Gartenverbenen und der Efeupelargonie 'Mini-Cascade' in vollsonniger Lage

Die schönsten Sorten der F1-Zonalpelargonien sind ab Seite 67 beschrieben

Bei der **Gestaltung großer Schalen und Tröge** zeigen einige Fotos Pflanzbeispiele. Auch hier gelten gleiche Gesichtspunkte der Anordnung und Pflege. In einem Gefäß lassen sich Pflanzen leichter austauschen, der Gesamteindruck ist nicht so leicht zerstört wie in einer Reihenpflanzung im Balkonkasten. Deshalb kann man das Angebot von getopften Sommerblumen nutzen und austauschen oder hinzupflanzen, wenn es nötig ist. Ausdrücklich gewarnt sei vor dem Kauf von verhärteten, überständigen Jungpflanzen im späten Frühjahr. Die Pflanzen (besonders Petunien) können den Sommer über keinen üppigen Blütenflor mehr entwickeln.

Pflanzung in gewachsenem Boden

Für das Bepflanzen von Beeten, Rabatten und Gräbern eignen sich einfachblühende Zonalpelargonien besonders gut, weil sie die Blütenblätter abwerfen (sich selbst »putzen«). Auch nach langen Regenperioden entstehen kaum von Fäulnis befallene Blütenstände. Für diesen Verwendungsbereich finden die F 1-Zonalpelargonien (Sämlingspelargonien) immer mehr Anklang. Das geschieht u.a. wegen der großen Farbpalette, der bestandsdeckenden Eigenschaften und dem gleichmäßigen Nachblühen bis zum ersten Nachtfrost ohne Blühpause.

Einfach- und halbgefülltblühende (6 bis 15 Blütenblätter), vegetativ vermehrbare Sorten haben für das Freiland den großen Vorteil, daß sie nicht nur meistens eine edle Blume verkörpern, sondern gegen Regen und feuchte Luft unempfindlicher sind als gefüllte mit 16 bis 30 Blütenblättern.

Im Bestand sind Sorten mit kleinem, festem Laub und nicht zu kurzen Blütenständen wenig fäulnisanfällig, da die Luft besser um sie herum zirkulieren kann. Ein regelmäßiges Ausbrechen (Putzen) der abgeblühten Blütenstände ist für ein gepflegtes Aussehen von Pelargonien unumgänglich.

Bei der Pflanzung in gewachsenem Boden ist eine ganze Reihe von Gesichtspunkten zu berücksichtigen.

Regeln für die Pflanzung in gewachsenem Boden

— Nicht vor Mitte Mai pflanzen, Spätfröste vernichten Pelargonien. In Gebirgslagen an Kaltlufteinbrüche bis Anfang Juni denken.

— Nur in gelockerte, feinkrümelige Erde pflanzen.

— Eine optimale Nährstoffversorgung ist wichtig. Die Grunddüngung sollte entsprechend einer Bodenanalyse oder gesammelter Erfahrungen erfolgen. Mindestens zweimal mit einem Volldünger wie folgt nachdüngen: 40 bis 60 g/m^2 oder flüssig 2 g/l Wasser.

— Pflanzenabstand unbedingt einhalten, auf keinen Fall zu dicht pflanzen. Erfahrungswerte sind 12 bis 14 Pflanzen pro Quadratmeter.

— Knospige bzw. farbezeigende Pelargonien zu pflanzen ist für den Anwachserfolg besser als vollerblühte.

— Topfballen muß gut durchfeuchtet sein, evtl. vorher den Ballen noch einmal in Wasser untertauchen und sich vollsaugen lassen.

— Ton- und Plastikgefäße sind immer zu entfernen, dagegen läßt man umweltfreundliche Kulturgefäße z.B. aus Altpapierrecycling oder Torf am Ballen. Diese verrotten dort innerhalb der Kulturperiode.

— Wurzeln müssen unverletzt und senkrecht in die Erde gelangen.

— Nach dem Pflanzen ist vorsichtig anzugießen, anfangs sind häufig kleine Wassergaben für frisch Gepflanztes besser. Den Sommer über kann eine Pelargonienschmuckanlage von oben beregnet werden. Bei jedem Bewässerungsvorgang sollten mindestens 15 bis 20 Liter pro Quadratmeter ausgebracht werden.

— Auch bei Langzeit- oder Depotdüngern im Boden ist während der Vegetationsperiode ein- bis zweimal nachzudüngen.

— Auf Pflanzenkrankheiten und Beschädigungen ist immer zu achten und entsprechende Maßnahmen sind zu ergreifen.

Auf Beeten und Rabatten können mit Pelargonienhochstämmchen oder -pyramiden besondere gestalterische Akzente gesetzt werden. Sie sind gut in die Erde zu versenken und nicht von oben zu beregnen, weil sonst die Bruchgefahr zunimmt.

Aus gestalterischen Gründen fügt man auch manchmal andere Pflanzenarten z.B. *Ricinus communis, Nicotiana sylvestris, Amaranthus caudatus (viridis), Datura suaveolens* (als Engelstrompeten in ganz verschiedenen Farben bekannt) oder *Plumbago auriculata*, (herrlich blau blühend) einem mit Pelargonien bepflanzten Beet als Solitärpflanzen hinzu.

In den letzten Jahren kommt die einst reiche Palette der buntlaubigen Pelargoniensorten in historischen Gärten und Parkanlagen wieder in Erinnerung. Gärtner und Architekten bemühen sich, nach alten Pflanzplänen für dekorative Zwecke alte Sorten als Randbepflanzung zu verwenden, obwohl Buntblättrige einen viel geringeren Stecklingsertrag und eine längere Bewurzelungsdauer haben.

Die schönsten Sorten

Die Pelargonie hat seit Ende der 60-er Jahre eine Steigerung der Produktion um das Vierfache erfahren. Schätzungen haben ergeben, daß 1991 über 90 Millionen dieser beliebten Topfpflanze in Deutschland gehandelt wurden. Ihre große Beliebtheit und vielseitige Verwendbarkeit als Sommerblume hat inzwischen zu einer kaum noch überschaubaren Sortenvielfalt geführt. Immer mehr auf Pelargonien spezialisierte Betriebe befassen sich mit der Neuzüchtung, um ein eigenes Sortiment zu besitzen. So werden neuerdings jährlich etwa 150 neue Pelargonien-Sorten beim Bundessortenamt in Hannover zum Sortenschutz angemeldet.

Jeder Käufer möchte wissen, welche Neuzüchtungen den älteren, bereits bewährten und farblich ähnlichen Sorten überlegen sind. Außerdem erwartet er eine Erweiterung des Farbspektrums.

Damit man Empfehlungen geben kann, die eine gesicherte Basis haben, müssen Kriterien feststehen, die wesentliche Merkmale einer Pelargoniensorte bestimmen. Den Blumenliebhaber interessiert z. B. das Verhalten der Topfpflanze Pelargonie im freistehenden, der Witterung voll ausgesetzten Balkonkasten, der Blühbeginn (Frühzeitigkeit), die Größe und das Aussehen der Pflanzen, Reichblütigkeit und der Platzbedarf.

Bei Balkonpflanzen sind weitere Merkmale von großer Bedeutung:

– Anzahl der Blütenstände die jede Pflanze bis Ende September hervorbringt,

– Pflanzengröße, d. h. Durchmesser und Höhe der Pflanze,

– Farbkontrast von Blatt- und Blütenfarbe,

– Blattzeichnung, (Zonierung),

– Wetterfestigkeit und Selbstreinigung.

Ein lebendes Modell für den Pelargonien-Züchter in bezug auf Früh- und Reichblütigkeit von Zonalpelargonien

Der Kunde möchte sicher sein, daß die erworbenen Pflanzen während der Sommermonate reich blühen und eine stehende Sorte unter anderem kompakt bleibt. Er will Sorten, die er nicht nur beim Kauf schön im Blumentopf findet, sondern die sich auch im Balkonkasten, in der Pflanzschale und in Ampeln oder auf dem Beet bewähren. Einen hohen Schmuckwert hat aber nur die blühende Pelargonie, deren Blüten wetterfest sind und die sich nach starken Niederschlägen und kühlen Witterungsperioden schnell und gut erholen bzw. selbst reinigen kann.

In den nachfolgenden Beschreibungen soll versucht werden, die schönsten und leistungsfähigsten Pelargonien nach Farbgruppen zu erwähnen, die sich Anfang der 90er Jahre im Handel befinden.

Aus dem nachfolgenden Text geht nicht hervor, welche Pelargoniensorten Sortenschutz besitzen, auf das Zeichen ® wird im laufenden Text verzichtet.

Die makellose weiße, vegetativ vermehrbare Zonalpelargonie heißt PAC® 'Glacis'

Vegetativ vermehrbare Zonalpelargonien (Pelargonium-Zonale-Hybriden)

Weißblühende Sorten (halbgefüllt)

Sie müssen ein Reinweiß aufweisen, denn ein zarter Anflug von Rosa in den Blüten läßt die Sorte leicht schmutzig wirken. In kühlen Nächten des Spätsommers verstärkt sich diese negative Erscheinung, deshalb ist ein Weiß mit grüngelblicher Tönung zu bevorzugen. Am besten bemerkt man diese Feinheit der Farbnuance, wenn man leichtgeöffnete Blütenknospen in der Tiefe betrachtet. Bei Pflanzungen von Vegetationsbildern werden manchmal auf dem Balkon weißblühende Sommerblumen (z.B. Petunien, Knollenbegonien, Duftsteinrich) bevorzugt. Dabei darf die Pelargonie nicht fehlen. Sie eignet sich zur tongleichen Farbe und wirkt besonders apart in weißen Gefäßen oder bei Mischpflanzungen als Kontrast.

pelfi 'Alba'
Das ist eine weißblühende, halbgefüllte Zonalpelargonie. Sie besitzt kräftig grünes, chlorophyll-stabiles Laub mit einer dunkelgrünen Blattzeichnung. Sie wächst mittelstark, blüht früh und reich, ist aber wie alle weißblühenden Sorten gegenüber Wasser auf den Blüten empfindlich. Das bestechende Weiß verfärbt sich dabei zu einem unansehnlichen Braun, ein Ausputzen ist unbedingt vonnöten.

selecta 'Furore'
Die Sorte soll von der frühen, mittelhohen Sorte 'Gala' aus gleichem Haus abgelöst werden. Sie besitzt größere, leicht gefüllte Blütenbälle und einen straffen Wuchs. Auffallend ist ihr schöner Kontrast von weißen Blüten zu dem kräftiggrünen nicht chlorotisch werdenden Laub.

PAC 'Perlenkette Weiß' und PAC 'Aphrodite'
Sie waren viele Jahre wie zwei Geschwistersorten marktbestimmend. Sie besitzen beide wunderschöne große Blüten-

PAC® 'Bergpalais' ist die Geschwistersorte der prächtigen 'Palais', die hohe Umsatzzahlen in Europa und den USA hat

'Glacis' Abbildung siehe Seite 57

stände, die wie reinweiße Bälle über dem mittelgrünen Laub stehen. Der größte Nachteil für den Blumenliebhaber liegt in der Eigenschaft, daß die Blütenstiele, bedingt durch physiologische Gründe, platzen oder gar unansehnlich aufreißen können.

Den Dresdner Züchtern gelang es, die neue Sorte, PAC 'Glacis' zu züchten. Sie vereint alle guten Eigenschaften in sich. Sie besitzt einen substanzvollen Wuchs mit ganz geraden Stielen und einem dunklen, samtigen Laub. Die Blütenblätter rieseln nicht.

Lachsblühende Sorten (halbgefüllt)

Zu dieser Farbbezeichnung gibt es unterschiedliche Begriffe. Manch einer sagt lachsrosa, lachsrot, porzellanrosa, babyrosa dazu. Gemeint ist aber immer ein »warmer« Farbton mit einem Anteil an Orange, nicht verblauend.

In dieser Farbgruppe herrschen große Unterschiede bei den Sorten hinsichtlich der Ausfärbung der Blüten bis zum Blütenrand und ihrer Intensität. Es gibt Kunden, die von zweifarbigen, lachsblütigen Sorten sprechen, wenn sie z. B. die PAC 'Palais' meinen. Solche Pelargonien verlieren leicht bei kalten Nächten gegen Ausgang des Sommers ihre intensive Lachsfärbung, sie sehen als Gesamterscheinung dennoch sehr attraktiv aus.

'Erfolg'
Das ist die älteste lachsfarbene Sorte (1956) von *W. Elsner* aus Dresden mit der auffälligsten braunen Zone auf dem Blatt. Sie existiert auch in Form von Auslesen im Handel, ohne daß Lizenzgebühren zu entrichten sind. Sie ist frühblühend und mittelhoch. Die Einzelblüte ist nicht so edel wie bei PAC 'Palais'.

PAC 'Palais'
Diese Sorte hat einen sehr großen Beliebtheitsgrad. Sie trägt über einem gut ge-

zeichneten Laub große Blütenstände wie Bälle geformt. Ihre Wetterfestigkeit ist hervorragend. Sie ist nach ungünstiger Witterung so beständig, daß sie oft fast künstlich wirkt. Wenn diese Sorte zur Rabattenbepflanzung verwendet wird, kann weiter auseinander gepflanzt werden als beabsichtigt. Sie wirkt bestandsdeckend. Sehr schön sieht diese Sorte auch in Nachbarschaft mit blaublühenden Sommerblumen, z. B. Lobelien oder Lavendel aus.

PAC 'Lachsball'
Diese Sorte ist eine blühende Schönheit, der jedoch die Blattzeichnung fehlt. Sie verzweigt sich sehr gut und blüht überreich. Ihre Einzelblüte ähnelt einer Schale, die keine »Unruhe« verbreitet. Ihr Füllungsgrad ist ideal, halbgefüllt. Der Bütenrand ist heller als die Mitte.

pelfi 'Schöne Helena'
Die Blüte ist halbgefüllt bis gefüllt. Sie besitzt einen hellen Blütenrand, ihre Blätter sind kräftig grün mit einer leichten Zone.

Sie verzweigt sich sehr gut selbst und benötigt mehr Platz als andere Sorten im Durchschnitt.

selecta 'Cecile'
In den Reigen der lachsblühenden zuverlässigen Sorten gehört auch 'Cecile', eine Sorte mit hellem Rand. Der Wuchs ist kompakt, mittelkräftig, sie besitzt eine schöne Blattzeichnung.

selecta 'Eroica'
'Eroica' weicht im Farbton etwas von den vorhergenannten Sorten ab. Sie blüht lachsorange, hat stabiles, robustes Laub mit einer breiten dunkelbraunen Zone. Ihr Wuchs ist niedrig bis mittelhoch. Der Pflanzenaufbau gilt als kompakt. Sie gehört zu den ausdauernden Qualitätssorten.

Aus dem Hause Dümmen kommen drei sehr erwähnenswerte lachsfarbene Sorten: **HWD 'Plaisire', HWD 'Donizetti' und HWD 'Gabrieli'**. Alle eignen sich sehr gut zur Einzelpflanzung oder Kombination mit anderen kompakt wachsenden Pelargonien oder anderen Pflanzenarten.

PAC 'Bergpalais'
Diese Sorte ist der PAC 'Palais' in allen Wuchseigenschaften gleich, nur ist sie in den Blüten deutlich intensiver dunkellachs ausgefärbt. Sie wirkt nicht zweifarbig. Im Sommer entwickelt sie ihre ganze Pracht im Freien. Sie trägt sehr große ballförmige Blütenstände über dunkelgrünen, zonierten Laubblättern.

selecta 'Emira'
'Emira' gehört ebenfalls zur Farbgruppe lachs. Ihre nähere Farbbestimmung lautet lachshellrot. Sie ist kräftig im Wuchs, kompakt und sehr stabil. Sie hat sich besonders in heißen und hohen Lagen bewährt.

Aus den USA kommen sehr stark wachsende Sorten auf den europäischen Markt, die interessant erscheinen. So die beiden **'Satisfaction Pink'** (hell-lachs) und **'Satisfaction Salmon'** (lachs). Sie eignen sich für große Balkonkästen mit einem großen Erdvolumen. Man sieht ihnen ein rasches Wachstum an.

Orangeblühende Sorten (halbgefüllt)

Die Farbe orange tendiert schon zu roten Tönen. Die drei schönsten Vertreter dieser Gruppe sollen beschrieben werden.

pelfi 'Gloria'
'Gloria' ist eine mittelgroße, leicht zonierte Sorte, die einen idealen Zonaltyp darstellt. Sie bleibt auch unter ungünstigen Verhältnissen kompakt und bildet ganz gleichmäßig den Austrieb für blütentragende Nodien aus. Ihre etwas helle Blütenunterseite stört nicht.

PAC 'Perlenkette Orange'
Sie hat den gleichen hervorragenden Wuchs wie PAC 'Lachsball' · Es könnten Geschwister-Sorten sein. Ihre Blütenblätter sind gut ausgefärbt orange. Sie hat et-

Die Blattzeichnung ist schon bei der Jungpflanze ein gefragtes Merkmal, PAC® 'Nadja' blüht orangefarbig

was später voll erblühte Blütenstände als andere PAC-Sorten, aber dafür kommt sie von Anfang an schubartig mit Knospen. Leider fehlt ihr die dunkle Blattzeichnung. Sie eignet sich hervorragend zur Kombination mit anderen Beet- und Balkonblumen, z. B. auch mit blaublühenden Petunien.

PAC 'Nadja'

PAC® 'Nadja' Abbildung siehe Seite 59

'Nadja' ist eine starkwachsende, intensiv orange blühende Zonalsorte. Sie neigt etwas dazu, ihren Wuchs in die Breite zu setzen. Die Blattzone ist sehr ausgeprägt. Diese Sorte sollte man nicht tongleich kombinieren, sondern besser einen Kontrast zu anderen Farben oder Arten herstellen.

Kirschrote bzw. purpurrote Sorten (halbgefüllt)

Dieser Farbton hat eine gute Fernwirkung. Man muß nur darauf achten, daß die Blütenblätter beim Kauf nicht wie von der Sonne verbrannt aussehen. Wenn das der Fall ist, sollte man Abstand nehmen.

In der kirschroten Einzelblüte kann man manchmal beim näheren Betrachten zwei Farbnuancen feststellen: purpurviolett oder die sogenannte Kardinalfarbe, benannt nach der einzigartigen Sorte 'Kardinal' und ein samtiges orangerot. Dieses Farbspiel belebt und stört nicht.

PAC® 'Robe' blüht samtrot

selecta 'Arcona'

'Arcona' steht in Konkurrenz mit der älteren Sorte **PAC 'Cherry'**. Sie kann als eine Verbesserung angesehen werden, weil sie zoniertes Laub besitzt und weil sie im heißen Süden, z. B. auf Teneriffa oder in Israel als Mutterpflanze weniger laubempfindlich ist. In unserem Klimabereich gibt es bei PAC 'Cherry' keinerlei Probleme mit dem Laub. Sie galt viele Jahre als das Maß aller Dinge. Beide Sorten blühen früh, gleichmäßig und bleiben kompakt im Wuchs. Sie lassen sich ausgezeichnet mit weißblühenden Pflanzen kombinieren und können rotblühende ersetzen.

pelfi 'Disco'

Diese Sorte gehört zu den schönsten purpurfarbenen Sorten. Sie besitzt sogar noch eine karminrote Blütenmitte, auch Auge genannt. Bei tongleicher Pflanzung die hängende, zweifarbige Pelargoniensorte 'Mexikanerin' hinzufügen.

HWD 'Lyrik'

Sie reiht sich in die purpurfarbene Sortengruppe gut ein. Der Pflanzenaufbau ist schön. Sie bleibt im Wuchs verhalten und eignet sich auch zum Auspflanzen auf Beete und Rabatten.

PAC 'Robe'

'Robe' weicht im Farbton etwas von den vorhergenannten Sorten ab. Sie ist samtiger, wirkt aber in späten Abendstunden etwas stumpf, während sie förmlich glüht, wenn die Sonne in die Tiefe der edelgeformten, halbgefüllten Blüte scheint. Diese Sorte ist eine robuste, zonierte Sorte, die ihr gutes Wachstumsverhalten den ganzen Sommer über beibehält.

selecta 'Credo'
Als samtrote bzw. burgunderrote Sorte besitzt 'Credo' wohlgeformte, große Einzelblüten mit runden Blütenständen. Diese Sorte hat sich auch in höheren Lagen bewährt und eignet sich besonders als Großpflanze in Kübeln.

Karmin- bzw. korallenfarbige Sorten (halbgefüllt)

Diese Farbgruppe wird vom Gärtner oft als »Zwischenfarbe« bezeichnet. Es sind nur wenige Sorten im Angebot. Meist fehlt dieser neue Farbton. Er hat keine große Bedeutung, ist aber zur bunten Bepflanzung mit verschiedenen Pelargoniensorten unentbehrlich.

pelfi 'Jazz'
Sie blüht korallenrosa, auch als hell-lilakarmin bezeichnet. Der Wuchs ist mittelstark, in die Breite gehend. Diese Sorte benötigt viel Platz, weil sie im Bestand schnell zuwächst. Sie ist sehr wetterfest.

PAC 'Capen'
'Capen' ist eine robuste, stark wüchsige Sorte. Sie besitzt etwas große Laubblätter. Die straffen Blütenstiele tragen sehr große, ballartige »Dolden«.

pelfi 'Polka'
Die Sorte wird als karmin-rot im Handelssortiment geführt. Sie hat ein kräftig grünes, leicht zoniertes Laub. Sie wächst mittelstark bis stark und benötigt schon frühzeitig den richtigen Endabstand.

Lilarosa Sorten (halbgefüllt)

Diese Farbgruppe wird auch als blaurosa bezeichnet. Der Kunde verbindet damit aber allzu leicht einen farblich negativen Blühverlauf. Wenn eine Blüte z. B. verblaut, so ist das eine schlechte Eigenschaft. Deshalb sprechen Züchter auch manchmal von einem »kalten« Rosa, im Gegensatz zu pink (»warmes« Rosa).

Eine Blüte mit einem Stern oder »Auge« wirkt immer lebhafter, PAC® 'Jana'

Vor fast 20 Jahren ist in dieser Farbgruppe mit PAC 'Dresdner Puppe Rosa mit Auge' zum ersten Mal in der Welt eine markante Zeichnung in der Mitte der Blüte als Sortenmerkmal aufgetreten. Diese Besonderheit tritt inzwischen bei vielen anderen Neuzüchtungen auf. Sie wird als Tupfer, Stern, Grübchen, geädertes Herz oder Pinselstriche bezeichnet.

PAC 'Jana'
'Jana' hat ein purpurfarbenes Auge und eine etwas helle Blütenunterseite. Sie soll PAC 'Rospen' ersetzen, wenn es dem Gärtner darum geht, schnell Fertigpflanzen zu produzieren, die in der Anzucht nicht laubempfindlich sind und sich beim Vermarkten nicht mit schräg gestellten Blumenständen verhaken.

PAC 'Rospen'
Die Sorte PAC 'Rospen' entwickelt ihre volle Schönheit der riesigen Blütenbälle bei intensiver Sonneneinstrahlung. Das

PAC® 'Penve' hat in Wirklichkeit eine ungewöhnliche Leuchtkraft in den Blüten

geschieht besonders im Gebirge bei UV-Licht, wo sie bis heute unentbehrlich erscheint. Das purpurfarbene Auge ist ein herrlicher Kontrast zu dem Lila-Farbton. Bisher wurde ihr verziehen, daß sie am Anfang der Saison schwachwüchsig ist, und daß sie die schweren Blütenbälle schräg nach außen trägt.

pelfi 'Flirtpel'
Diese Sorte ist der PAC 'Rospen' ähnlich. Sie wächst kompakt und neigt zu lockerem Aufbau, wenn sie nicht zur rechten Zeit den nötigen Abstand erhält.

selecta 'Courage'
Das ist eine Qualitätssorte, die universell verwendet werden kann. Sie besitzt einen harmonischen, kompakten Wuchs.

'Merilou'
Die niederländische Sorte 'Merilou' stammt aus dem Hause Enthoven (Merlte). Sie gehört zu den schönsten lilafarbenen Sorten mit weißem geädertem Herz. Sie besitzt eine Zone und wächst kompakt.

PAC 'Laura'
Das ist eine robuste Sorte mit hohem Marktwert. Sie hat edle, schalenförmige Einzelblüten, die sich beim Verblühen nicht negativ verfärben. Sie stehen in gutem Kontrast zum dunklen Laub. Sie blüht früh und sehr reich ohne Blühpausen den ganzen Sommer hindurch.

PAC 'Penve'
'Penve' ist die dunkelste in der Farbgruppe. Diese Sorte hat ein kleines weißes Auge, das im Kontrast zu der leuchtend lilarosa Blütenfarbe steht. Je später der Tag, um so schöner erstrahlt sie. Sie wirkt niemals stumpf, eher leuchtstoffartig. 'Penve' hat besonders kleines Laub mit einer schönen Blattzeichnung. Im Frühjahr sind die Blätter etwas gekräuselt, das Gießwasser läuft sehr gut ab. Sie wächst ganz hervorragend kompakt.

Rosa- bzw. pinkfarbige Sorten (halbgefüllt)

Diese Modefarbe wird von einigen Pelargoniensorten getroffen. Seit einigen Jahren ist pink »in«, d. h. diese grelle Farbe Rosa steht im Brennpunkt des Interesses der Blumenliebhaber. Die Blüten dürfen beim Abblühen nicht viel dunkler werden, der helle Farbton muß gewahrt bleiben.

pelfi 'Blues'
Diese Sorte hat große Einzelblüten mit einer schönen Zeichnung. Das Laub wirkt frischgrün und ist leicht zoniert. Der Blühbeginn ist mittelfrüh. Diese Sorte hat große Blütenstände, die in Harmonie zur Pflanze stehen. Sie läßt sich als mittelhohe Pelargonie gut in relativ kleine Kästen pflanzen und sehr gut kombinieren.

HWD 'Feeling'
Eine sehr ähnliche Sorte ist die HWD 'Feeling'. Sie hat gleiche Wuchseigenschaften wie pelfi 'Blues'.

PAC 'Melody'
Sie ist auch in der Einzelblüte ähnlich dem Modell 'Blues', nur blüht diese Sorte früher und reicher und baut sich etwas anders auf, sie wirkt sehr kompakt.

selecta 'Carol'
'Carol' blüht rosa mit weißem Auge. Sie wächst sehr kompakt und gehört zu den schönsten Sorten in dieser Farbgruppe. Ihr Laub ist schwach zoniert und fest.

PAC 'Rica'
Das ist eine Spitzensorte für Balkonkästen mit relativ geringem Volumen. Sie wirkt sehr frisch durch das weiße Auge. Sie darf nicht zu lange zu dicht stehen, denn sie neigt zu etwas langen Blütenstielen.

HWD 'Opal'
Diese Sorte ähnelt 'Rica' sehr. Sie ist eine sehr schöne Sorte in pink, die einen guten Wuchs aufweist.

Eine selbstgezüchtete lavendelfarbige Pelargonie mit gesterntem Auge: PAC® 'Icecrystal'

PAC® 'Rica' ist eine Hauptsorte mit guten Wuchseigenschaften

Besondere Farben (halbgefüllt)

Merite 'Merisweet'
Die Sorte blüht hell-lilarosa mit einem weiß geädertem Herz. Die Blüten wirken wie Apfelblüten, so schön und zart getönt. Sie stellt eine Farbe dar, die zur Ergänzung benötigt wird, nicht um große Flächen oder viele Kästen am Haus damit zu bepflanzen.

PAC 'Icecrystal'
'Icecrystal' ist von besonderem Farbton: lavendelfarbig in Richtung Blau mit einem purpurfarbigen Stern. Diese kompakte Sorte muß blühend von der Nähe betrachtet werden, sie ist nicht zur Fernwirkung geeignet. Das Laub sieht frisch grün aus und steht in auffälligem Kontrast zur Blüte.

PAC 'Lovesong'
Sie ist ebenfalls eine Schönheit zum Betrachten in der Nähe. Die sehr frühblühende Sorte färbt sich bei intensiver Licht-

einstrahlung in ihrem Zartrosa mit purpurfarbenem Stern kontrastreich aus. Sie stellt eine zweifarbige Sorte dar.

PAC 'Sassa'
Diese Sorte stellt eine Sensation im Wuchsverhalten und in der Früh- und Reichblütigkeit dar. Sie hat porzellanrosafarbige Blüten, die sich leider etwas beim Verblühen verfärben. Sie kann gut in Kombination mit dunkelfarbigen Pelargonien, z.B. hängenden Sorten verwendet werden.

Rotblühende Sorten (einfachblühend)

Scharlachfarbige Pelargonien unterscheiden sich oft im sogenannten Blau- oder Orangeanteil. Die von einer Blüte ausgestrahlte Leuchtkraft kommt nicht allein dadurch zustande, daß eine geringe Menge Farbstoff, z.B. die Anthocyane Pelargonidin- und Plonidinglykosid vorhanden

PAC® 'Gregor' ist eine stark wachsende, robuste Sorte für große Kästen, Gefäße und für Schmuckanlagen in heißen Lagen

sind. Sondern ähnlich dem Schliff der Oberfläche bei Edelsteinen besitzen Blütenblätter Epidermiszellen (Epidermis = Oberhaut) mit einer Struktur, die den Lichteffekt vervielfachen. Durch das Vorhandensein von Papillen mit einer unterschiedlichen Struktur der äußeren Zellschicht wird das Licht auf eine Weise gebrochen, daß die Leuchtkraft erhöht oder vermindert wird und damit der Eindruck eines Seiden-, Fett- oder Samtglanzes entsteht.

pelfi 'Fortuna'/pelfi 'Avenida'
'Fortuna' wird abgelöst von pelfi 'Avenida'. Die leuchtend signalrote neue Sorte ist stärker wüchsig und selbstreinigend, ohne daß sie rieselt sowie relativ wetterfest. Das Blatt ist stark zoniert. Sie eignet sich für Beete und Rabatten und zur Mischpflanzung mit anderen Pelargoniensorten oder Sommerblumen.

HWD 'Serenade'
Diese Sorte ist ebenfalls scharlach und von sehr gutem Wuchs. Sie ist nach langen Regenperioden schnell wieder ansehnlich, weil sie in der Blüte nicht zur Botrytisbildung neigt.

Rotblühende Sorten (halbgefüllt)

Den Hauptanteil im Sortiment nehmen die roten Farbtöne ein. Es gibt viele alte und schöne Sorten, die nicht alle erwähnt werden können.

'Empress'
Hierbei handelt es sich um die hellste im roten Farbton. Sie ist eine stark wachsende, zuverlässige Sorte, die seit Jahrzehnten bekannt ist. Sie eignet sich hervorragend für hohe Lagen im Gebirge und füllt große Balkonkästen üppig blühend aus.

Das Sortenspektrum bei dieser Farbgruppe verrät, daß viele »Mitbewerber« auf dem Markt sind. Es seien nur ein paar sehr schöne, relativ junge Sorten erwähnt.

PAC 'Alex'
'Alex' wird immer noch vermehrt. Diese Sorte war einmal sehr wichtig, weil sie so leuchtend blüht und sich sehr gut vermehren läßt. Ihr größter Nachteil sind relativ lange Blütenstiele und eine mittlere Frühzeitigkeit im Erblühen.

Von der **selecta crèation** stammen drei besonders schöne leuchtend rote Sorten: **'Esprit'**, **'Dacapo'** und **'Anabel'**. Alle drei haben sehr schöne Einzelblüten und gut gezeichnetes Laub, das wetterfest ist. Sie verzweigen sich gut und bleiben kompakt. In heißen Sommertagen sind sie im Blühverhalten gleichbleibend gut. Es scheint, daß 'Esprit' nach allen Prüfergebnissen die beste ist.

PAC 'Isabell'
Das ist eine klassisch rotblühende Sorte mit sehr schönen Einzelblüten. Schon die Jungpflanzen imponieren mit einer auffallenden Blattzeichnung. Die Wetterfestigkeit war all die Jahre hervorragend.

HWD 'Praeludium'
Sie gehört in den Reigen der zuverlässigen Sorten, die Scharlach zur Farbe haben.

'Merione'
Die niederländische Sorte 'Merione' stellt auch eine schöne, kompakte Sorte dar, die sich gut verzweigt und ein gutes Blühverhalten aufweist.

Aus USA kommend ist die stark wachsende Sorte aus der Reihe **'Satisfaction'** als **'Red'** im Aufwind. Sie hat eine sehr rasche Entwicklungszeit und sehr große, schöne Blütenstände.

Aus dem Hause *Fischer* kommen sehr verschiedenartige, rotblühende Sorten: **pelfi 'Rumba'** ist die starkwachsende und das andere Extrem ist **pelfi 'Vulkan'**. Sie ist die kürzeste im Sortiment. Beide sind gut zoniert.

Erwähnt sei noch **pelfi 'Merkur'** mit kompakt niedrigem Wuchs und **pelfi 'Mars'**, mittelstark- bis starkwachsend. 'Mars' ist die Nr. 1 im roten pelfi-Sortiment.

Dunkellaubige Sorten von verschiedenen Farben und Füllungsgrad

Das dunkle Laub hat seine Vorzüge für den Produzenten und für den Endverbraucher. Stecklinge und Jungpflanzen dunkellaubiger Sorten lassen sich recht unproblematisch über große Strecken transportieren, z. B. aus Israel, Mexiko oder von Gran Canaria.

Das Laub vergilbt nicht so leicht. Der Käufer bevorzugt diese Sorten oft vom äußeren Erscheinungsbild her, oder weil er die Erfahrung gesammelt hat, daß Sorten mit dunklem Laub große Hitze besser vertragen und unempfindlicher gegenüber Schlechtwetterperioden sind. Vielleicht ist es eine Art Sonnenschutz. Viele Vertreter, so auch die der 'black-line' oder 'dark line' besitzen rötlich gefärbte Blütenstiele. Aufmerksame Blumenliebhaber wissen das und bevorzugen dieses Merkmal an den Sorten ihrer Wahl.

PAC 'Julia'
Es handelt sich um eine halbgefüllte, sehr kompakt wachsende, orangescharlach blühende Sorte, die für Schalen und klei-

Das Gefäß kann im Kontrast zur korallenfarbigen dunkellaubigen Pelargonie stehen (PAC® 'Mercutio')

Pastellfarbige Blüten wirken besonders zart, wenn sie dunkelgrünes Laub besitzen

nere Kästen sehr geeignet ist. Sie war die erste gefülltblühende, dunkellaubige Sorte, die nach den Vertretern der PAC-Serien 'Großer Garten' und 'Mini-Pel' kam.

PAC 'Auralia'
Sie blüht lilarosa, halbgefüllt und hat gleiche Wuchseigenschaften wie 'Julia' · Sie besitzt eine gute Leuchtkraft und eignet sich auch für den Standort im Süden. Beide Sorten verzweigen sich willig und bleiben den Sommer über nicht zu klein.

Die schönsten dunkellaubigen, leuchtendroten Sorten sind **pelfi 'Tango'** als Hauptsorte auch in Amerika, **selecta 'Ecco'** und **'Komet'** aus dem *Endisch*-Sortiment. Alle drei sind gefüllt bis halbgefüllt.

Drei einfachblühende **pelfi-Sorten** mit einer sehr guten Fernwirkung sind: **'Swing'** – karminfarbig, **'Brasil'** – lila-rosa von besonderer Leuchtkraft und **'Rio'** – mit phloxähnlichen Blüten, die als pinkfarbig mit einem rötlichen Stern in der Mitte umschrieben werden können. Alle drei Sorten lassen sich ausgezeichnet mit anderen Balkonpflanzen kombinieren. Sie sind relativ rieselfest. Das unterscheidet sie von vielen anderen Sorten, die auf dem Markt sind. Die Verzweigung ist bei allen drei Sorten nicht so gut, sie wachsen auch nicht in die Breite.

Zwei leuchtend rote, einfachblühende Sorten für besonders windige und freie Lagen sind **pelfi 'Wienerblut'** und **'Osna'** aus dem Hause *Klemm*. Beide Sorten bilden wohlgeformte, langhaltbare Blütenstände. Sie erinnern an die Sorte **'Stadt Bern'**, die sich mit ihrer extravaganten Form und Farbe vielen Pelargonienliebhabern einprägt.

Als lachsfarbige Sorten mit dunklem Laub und halbgefülltblühend seien die beiden **'Unica'** von *Endisch* und **'Freya'** von *Klemm* genannt. Sie stellen eine attraktive Kombination von Blatt- und Blütenfarbe dar.

PAC® 'Quix' ist eine einfachblühende F_1-Pelargoniensorte

Zwei »Halb-Peltaten« mit intensiv leuchtend-roten, halbgefüllten Blüten sind die schon lang bewährte **'Schöne von Grenchen'** und die neue **PAC 'Ina'**. Die ältere Sorte ist sehr beliebt in den mittleren und südlichen Berg- und Täler-Regionen. Sie blüht auch üppig in rauhen Witterungsgebieten. Zum Zeitpunkt des Kaufes entspricht ihr Wuchsverhalten mehr dem der Zonalpelargonien, das ändert sich im Laufe der Saison. Wird PAC 'Ina' reichlich mit Wachstumsregulatoren (CCC) vom Gärtner behandelt, erkennt man ihre Abstammung kaum. Sie schaut wie eine Zonalpelargonie aus. Trotzdem eignet sie sich ausgezeichnet als Ampelpflanze, denn sie blüht ungewöhnlich früh und reich und besitzt außerdem sehr haltbare Blüten. Wenn sie wenig oder keine Hemmstoffbehandlung erfährt, schmückt sie z. B. einen Balkonkasten mit langen, herabhängenden Trieben. Es lohnt sich, PAC 'Ina' zu erproben.

So früh- und reichblütig können F_1-Pelargonien sein, wie 'Challange White'

Generativ vermehrbare Zonalpelargonien (Sämlings- oder F 1-Pelargonien)

Seit Anfang der 70er Jahre erlangten Sämlingspelargonien eine gewisse Bedeutung im Sortiment. Jedes Jahr kommen neue Sorten auf den Markt. Es handelt sich fast ausschließlich um einfachblühende Pelargonien, die eine sehr gute Eignung für Rabatten und Beete besitzen.

Ein wichtiges Kriterium bei der Beurteilung der Schönheit einer Sämlingssorte ist die Anzahl Blütenstiele pro Pflanze und der optische Gesamteindruck im Laufe des Sommers. Immer häufiger setzen sich ganze Serien mit jeweils gleichem Wuchsverhalten, Verwendungszweck und einer reichen Farbpalette durch. In den nachfolgenden Beschreibungen sollen einige Beispiele genannt werden.

'Accord' blüht rot, scharlachrot, hellrosa, rosa und lachsrosa, sie besitzen eine schöne Blattzeichnung;

'Elite' blüht weiß, rosa, lachs, scharlach, purpur mit Auge, orange, sie haben große Einzelblüten und eine schöne Blattzeichnung;

'Multibloom' blüht weiß, rosa, lavendel, rot-weiß, scharlach, lachs, purpur mit Auge, orange, diese Sorten blühen sehr reich und früh, sie ähneln in vielen Eigenschaften der älteren Serie PAC 'Diamond';

'Orbit' blüht rosa, karmin, kirschrosa, lachs, lavendel, feuerrot, orange-scharlach, weiß;

'Pulsar'-Serie (entspricht in den USA der Pinto-Serie). Ihre schönsten Vertreter blühen hell-lachs, leuchtend rot, tiefrosa mit weißem Auge, lachs mit weißem Auge, lavendel;

'Ringo' blüht in den Farben tiefscharlach, orangerot und weißer Mitte, hellrosa, lilarosa, dunkelkarmin, lachs, scharlach, weiß;

Wie ein Wasserfall (Kaskade) können Efeupelargonien vom Typ 'Ville de Paris' wirken

'Challange' Abbildung siehe Seite 67

'Smash Hit' blüht pink, dunkellachs, scharlach und weiß;

'Topscore' blüht weiß, rosa, lachs, purpur, scharlach;

'Challange' blüht lachsrosa, hellrosa, weiß, scharlach;

'Avanti' blüht in acht Einzelfarben;

'Horizon' blüht rot, dunkellachs, zart lachsrosa und mittellachs, mit besonders gleichmäßigem Wuchs und Aufblühen;

'Sensation'-F 1-Hybriden heißt eine Serie, deren Einzelblüten an Efeupelargonien erinnern.

Neu im Angebot sind Sorten, die den vegetativ vermehrten sehr gleichen, weil sie auch tetraploid sind. Die ersten Vertreter heißen **'Freckles'** und **'Tetra scarlet'**.

In züchterischer Bearbeitung ist die Farbmischung **'Summer Showers'**. Sie gehört zu den Sämlings-Efeupelargonien, die als Mischung ihren Einstand hielt.

Efeupelargonien-Sortiment (Pelargonium-Peltatum-Hybriden)

'Ville de Paris'-Typen

Seit Jahrzehnten sind diese einfachblühenden, überhängenden, üppig blühenden Efeupelargonien auf dem Siegeszug. Besonders in Süddeutschland und in Gebirgsregionen wie in Österreich, der Schweiz, in Frankreich und in Norditalien fehlen sie fast nie an einem Haus. Der Grund dafür ist, daß sie an vollsonnigen Standorten ein wahres »Blütenmeer« in Form von Kaskaden entwickeln, so daß kaum ein Laubblatt sichtbar wird. Der Mensch hat mit ihrer Pflege wenig Mühe, wenn er den Pflanzen einen tiefgründigen Balkonkasten oder Kübel, gefüllt mit nahrhaftem Substrat sowie während des ganzen Sommers bis zum Herbst ausreichend Ernährung und Wasser bietet. Die Pflanzware muß vom Erwerbs- oder vom Hobbygärtner sehr gut vorbereitet sein. Das bedeutet, daß sie während der Kulturzeit rechtzeitig und oft pinziert wurde, mit kurzen Internodien »startet«, damit sie sich im unteren Bereich von Anfang an gut verzweigt und vieltriebig wächst. Beabsichtigt man, die Efeupelargonie in Ampeln zu pflanzen, muß der Durchmesser des Gefäßes mindestens 25 cm betragen. Je größer das Gefäß, um so besser kann sie sich zur »Traube« entwickeln. Allerdings muß sie völlig frei hängen.

Die lilafarbige 'Ville de Paris' muß nicht ausgeputzt werden, d.h. sie ist selbstreinigend

Dem Blumenliebhaber sei noch gesagt, daß er sich nicht wundern oder sogar ärgern darf, wenn rotblühende und/oder weißstielige Sorten Abweichungen aufweisen. Man sagt, sie »spielen«, »sporten« oder fachmännisch sie mutieren, weil sie durch Veränderung im Erbgefüge der Ursprungssorte entstanden. Ein geringer Anteil an Pflanzen im Bestand, an Trieben oder sogar nur einzelnen Blüten kann deshalb rosa bzw. grünstielig vorkommen. Deshalb sieht man bei Eigenvermehrung auch oft im Laufe der Jahre eine ungewollte Mischpflanzung, die absolut nicht stört, sondern einen schönen Effekt der Buntheit hervorruft.

Wenn aber ein sortenechter Bestand gewünscht wird, empfiehlt es sich, die Stecklinge an blühenden oder gekennzeichneten Pflanzen zu entnehmen.

Alle 'Ville de Paris'-Typen sind selbstreinigend, d.h. die abgeblühten Stiele müssen nicht ausgeputzt werden.

Einige Spezialzuchtbetriebe haben sich intensiv mit dieser Sortengruppe befaßt und jeweils ihr eigenes Haussorti-

Namen der »Ville de Paris«-Typen bei verschiedenen Firmen

	bei Elsner (PAC)	bei Fischer (pelfi)	bei Klemm (selecta crèation)
hellrosa grünstielig	'Ville de Paris'	'Ville de Paris'	'Ville de Paris'
scharlachrot grünstielig	'Rote Luisenhof'	'Feuer Cascade'	'Balcon Imperial'
hellpink, lila grünstielig	'Lila Luisenhof'	'Lila Cascade'	'Lila Balcon'
hellrosa weißstielig	'Decora Rosa'	'Sofie-Cascade'	'Ville de Paris' kompakt weißholzig
rot weißstielig	'Decora Rot'	'Leucht-Cascade'	'Balcon Imperial' kompakt weißholzig
helles lila weißstielig	'Decora Lila'	'Lila-Compact-Cascade'	'Lila Balcon' kompakt weißholzig

Die Französische Efeupelargonie 'Vinco' ist als sehr schöne, dunkelrosa gefärbte Sorte weit verbreitet

ment durch Auslese geschaffen. Das Idealziel dabei ist, genetisch stabiles Ausgangsmaterial bereitzustellen.

Die weißstieligen bzw. weißholzigen oder hellstengelig genannten Sorten wachsen kompakt. Typisch für alle drei farblich unterschiedlichen Sorten ist, daß sie fast weiße Stiele und ein leicht marmoriertes Laubblatt besitzen, ideal kürzer bleiben und sich schon nach einmaligem Pinzieren von selbst gut verzweigen. Für diese Sortengruppe treten durch die Weißfärbung der Stiele und Blätter keine Nachteile auf.

Eine Besonderheit stellt im Blüten-Typ der 'Ville de Paris' noch die **'Mini-Cascade'** dar. Sie gibt es auch in drei Farben: karminrot, lila, rosa. Am beliebtesten ist die 'Rote Mini-Cascade'. Ihre Eigenschaften sind: sehr eng gegliederte Internodien, extrem dichte Blühfülle mit kissenartigem Wuchscharakter. Sie bevorzugt einen wind- und regengeschützten Standort, z. B. in normal großen Blumenampeln.

Es ist wichtig zu wissen, daß die Blüten aller hellrosa blühenden 'Villa de Paris'-Typen bei intensiver Sonneneinstrahlung heller werden können. Sie bilden einen guten Kontrast zu dunklem Hintergrund, z. B. dunkelbraunen Holzwänden oder Fachwerkbauten.

Weiße Farbgruppe (halbgefüllt)

Die Sorten **'Weißkönigin'**, **'Weiße Perle'**, **'Schneekönigin'**, **'Martina'** oder **'Santa Christina'** ähneln sich sehr. Sie alle blühen reinweiß und besitzen eine hübsch gezeichnete Blüte mit purpurfarbigen Pinselstrichen. Sie bilden mittellange Triebe und besitzen frischgrüne, leicht zonierte Blätter.

Lachs- bzw. hellachs-rosa-farbige Gruppe (halbgefüllt)

Allen voran steht **'Lachskönigin'** als eine der ältesten Sorten im Peltatensortiment. Sie wurde etwa 1930 von *Gubler* in der Schweiz gezüchtet. Sie blüht früh, helllachs-rosa mit einer intensiven Zeichnung der Blüte. Ihr Blatt ist markant gezackt und gut zoniert. Ihre Triebe werden mittellang. Ein Nachteil ist, daß sie gegen vorübergehende Trockenheit und Nährstoffmangel empfindlich ist und mit Gelbwerden der älteren Blätter reagiert.

Sehr ähnlich in der Blütenfarbe sind sich **'Pink Charm'**, **'Solidor'** und **'Dresdner Samolit'** sowie **'Wico'** und **'Ingres'**. Sie wachsen kompakt bis mittelstark und verlieren unterschiedlich leicht die Blütenblätter. Diese Sorten haben einen guten Wuchs und ein schön gezeichnetes Blatt.

Früh und dicht blühend ist **pelfi 'Belladonna'**. Sie blüht rosa und bildet lange bis mittellange Triebe. Im Knospenstadium ist sie sehr ansprechend.

Amethystfarbige Gruppe (halbgefüllt)

Die bekannteste Sorte ist PAC **'Dresdner Amethyst'** (1963), die auch als **'Dunkle Amethyst'** gehandelt wird. Sie ist eine

Spitzensorte der gefülltblühenden Efeupelargonien. Ihre Blütenfarbe wird auch als violett oder lila bezeichnet. Die dunkle Zeichnung der Blüte und das kräftige Grün der fleischigen Blätter mit einer Zone macht sie sehr attraktiv. Sie bleibt den ganzen Sommer über kompakt und ist deshalb für windige Standorte gut geeignet. In der Bewurzelung und im Erblühen ist sie spät. Den Sommer über blüht sie sehr reich. Farblich paßt sie sogar zu rotblühenden Zonalpelargonien.

pelfi 'Butterfly' hat eine bestechende Blaufärbung. Das Blatt ist schön geformt, kräftig grün und gut zoniert. Sie bildet zu 'Amethyst' eine echte Alternative, weil sie etwa 10 bis 12 Tage früher blüht und langhängend ist. Ihr üppiger Wuchs wird zur Mischpflanzung z. B. mit pastellfarbigen Zonalpelargonien bevorzugt.

Rosenknospenähnlich blüht die französische Hauptsorte 'Bernardo' ▽

Von unverwechselbarem Aussehen ist die französische Sorte 'Jaco' △

Samtrote Gruppe (halbgefüllt)

Sehr ähnlich im Farbton sind sich **'Mexican Beauty'**, **PAC 'Velvet'**, die französische Guillou-Sorte **'Jaco'** und die **selectacrèation 'Felix'**. Ihre Blüten sind wie aus Samt, so dunkel und trotzdem strahlend, auf Nahwirkung bedacht. Sie alle besitzen gesund aussehendes Laub und neigen nicht zur Korksucht. 'Jaco' erkennt man von allen Efeupelargoniensorten auch nichtblühend am runden, stark zonierten Blatt, das etwas heller im Grün erscheint.

Rotblühende Gruppe (halbgefüllt)

Noch gibt es keine gefüllte, orangescharlachfarbige Efeupelargonie, die den Schmelz in der Blütenfarbe besäße, wie ihn die schönsten Zonalpelargonien aufweisen.

'Tavira' blüht rot mit bläulichem Anflug. Ihr Wuchs ist mittelstark bis stark, das Blatt fleischig, kräftig grün und gezackt. Sie muß früh gestutzt werden, damit sie sich den Sommer über gut aufbauen kann.

'Bernardo' Abbildung siehe Seite 71

Zwei sehr schön rotblühende sind zur Zeit die französischen Guillou-Sorten **'Lido'** und **'Bernardo'**. Beide blühen außerordentlich früh und reich. Sie sind von mittlerem Wuchs und besitzen einen harmonischen Pflanzenaufbau. Beide haben schönes Laub. Die Sorte 'Bernardo' wird teilweise wegen ihrer rosenknospenähnlichen Blüte während des Aufblühens bevorzugt. Sie schließen die Lücke im roten Efeupelargoniensortiment.

Aus dem Hause *Fischer* kommt **'Amiral Bouvet'** mit ziegelroten Blüten, die einen etwas bläulichen Anflug besitzen. Die Blätter sind sehr dekorativ: kräftig grün und gut zoniert. Ihr Nachteil ist, daß sie etwas streut, d.h. nach Vollerblühung Blütenblätter verliert.

Zweifarbige Sorte (halbgefüllt)

Die einzige zweifarbige Sorte **'Mexikanerin'** (auch 'Mexicanerin') wird auch **'Rouletta'** genannt. Sie blüht weiß mit weinrotem Rand. Ihre Problematik liegt im Variieren des Ausgefärbtseins von kontrastreich bis einfarbig weiß oder weinrot wie 'Mexican Beauty'. Im Laufe des Sommers verändern sich sogar die Blüten an ein- und derselben Pflanze. Phytopathologen machen ein infektiöses Agens für die Buntstreifigkeit verantwortlich, denn durch Pfropfung ist auf Efeu- und Zonalpelargonien ein harlekinähnliches (zweifarbiges) Aussehen der Blüten zu erreichen. Ihr Wuchs ist mittelstark bis stark. Das Blatt ist kräftig grün und gut zoniert. Sie erfreut sich seit 1975 beim Endverbraucher allergrößter Beliebtheit. Allerdings sollte sie von der Nähe betrachtet werden, weil sie keine Fernwirkung hat.

Edelpelargonien-Sortiment (Pelargonium-Grandiflorum-Hybriden)

Für den Blumenliebhaber ist beim Kauf zumeist das Einzelexemplar entscheidend. Er benötigt von dieser Topfpflanze fast immer keine größere Menge, um Schalen oder Kästen zu gestalten, wie das bei Zonal- oder Efeupelargonien der Fall sein kann. Er möchte sich meistens an der Schönheit einer Einzelpflanze im Zimmer oder auf dem Balkon bzw. der Terrasse erfreuen. Der Gärtner hingegen trifft die Wahl der Sorten nach verschiedenen Kriterien, z.B. nach dem Blühbeginn, der von

Die Efeupelargonie 'Mexicanerin' ist zweifarbig: weiß mit weinrotem Rand. Die Blüten treten unterschiedlich intensiv ausgefärbt auf: von hell bis einfarbig weinrot; sie »spielt«

der Temperaturführung abhängig ist oder nach einer großen Palette verschiedener Farben, das sind erfahrungsgemäß 50 bis 60% Rot und Orange, 20 bis 30% Rosa und Lachs und der Rest betrifft Violett, Pastell und Weiß.

Bei der Sortenwahl gibt es auch die Möglichkeit, sich für **Miniatur-Edelpelargonien** zu entscheiden. Der Züchter *Langley-Smith* begann 1913 mit der Zuchtarbeit, indem er *Pelargonium crispum* mit Edelpelargonien kreuzte. Miniatur-Edelpelargonien werden neuerdings auch als Angelpelargonien von *Fischer* mit den Sorten **'Angelino'** (purpurlila bis weiß) und **'Angeletto'** (zart violette Grundfarbe mit kräftig purpurfarbener Zeichnung) angeboten. In Österreich kauft man gern Mini-Formen (Zwerg-Sorten) wie **'Pikkolo'** oder **'Bambino'**. In Deutschland werden neue und bewährte Austria-Edelpelargonien (im Text mit A gekennzeichnet) der Firma *Vavra* in Bisamberg auch von *Süptitz* in Hamburg erprobt. Die schönsten Sorten sind:

A 'Aquarell' zartlila, fast weiß mit markanter weinroter Zeichnung.

A 'Belvedere' lila mit weinroten Augen. Eine der reichblühendsten Sorten. Sie bringt viele Knospen hervor, deren mittlere erblüht bleibt, bis die äußeren aufblühen. Die Einzelblüten sind kleiner, vollerblüht erinnert sie an eine Cinerarie.

A 'Biedermeier' rosa mit leicht gewelltem Blütenrand, sie bleibt gedrungen und blüht früh.

Edelpelargonien in der Schauanlage eines Gewächshauses

Austia-Edelpelargonie 'Biedermeier' Abbildung siehe Seite 10

Eine 'Angel'-Pelargonien-Sorte mit stiefmütterchenähnlichen Blüten

A 'Göttweig' lachsrosa mit markant geaderter Blütenzeichnung. Sie hat eine sehr ausdrucksvolle Blütenanlage in einem über dem Laub stehenden Blütenstand.

A 'Jasmin' weiß mit einer leicht lila Zeichnung im oberen Blütenteil, mittelhoch, reich- und frühblühend.

A 'Typ Haydn' zartrosa (lachs) mit scharlachrotem Auge, kleinlaubig, sehr gut verzweigt mit reichlich Blütenansatz.

A 'Micky' extravagante Sorte, die sich durch den dunkellila zweifarbigen Ton mit fast schwarzem Auge vom Sortiment abhebt. Sie bleibt niedrig, kompakt und blüht früh.

A 'Mikado' lachsrosa mit allseitiger intensiver Zeichnung. Diese Sorte ist sehr auffällig, der Blütenrand ist nach außen gedreht, die Blütenstände sind dicht angeordnet, und das Laub wirkt sehr dekorativ. Sie wächst mittelstark.

A 'Muttertag' fällt als orange-rot-weiße Sorte auf, weil sie zum Blütenrand hin als einzige Sorte wieder reinweiß wird. Sie wächst mittelstark bis stark und blüht früh. Ihr folgt die Neuheit **A 'Mandarin'**.

A 'Silvia' signalrot mit dunklem Auge und Zeichnung, ihr Wuchs ist kompakt.

A 'Valentin' leuchtend violett, mit Zeichnung und hellem Schlund. Sie wächst kompakt.

Besondere Gestaltungsformen

Hochstämmchen

Seit Anfang der 70er Jahre erziehen Gärtner intensiv Pelargonien zu Hochstämmchen. Mit steigendem Wohlstand und zunehmender Wohnkultur wuchs bei den Blumenliebhabern das Bedürfnis, auf Balkonen, Terrassen und in Schmuckanlagen durch langanhaltende, dekorative Gestaltungselemente die allernächste Umgebung zu schmücken. Pelargonien eignen sich für alle Plätze in sonniger Lage und an denen der Wind nicht ungewöhnlich stark weht. Während ein Rosenhochstamm nur wenige Wochen hindurch in voller Pracht steht, blüht ein Pelargonienhochstamm bei richtiger Wahl der Sorte und sachgemäßer Pflege viele Monate hintereinander.

Wichtig ist, daß die ausgewählte Sorte eine ausgezeichnete Wetterfestigkeit besitzt, aber auch nicht ungewöhnlich leicht die Blütenblätter verliert, d.h. rieselt. Die Sorte muß sehr wüchsig sein und die Blütenstandstiele dürfen nicht zu lang werden, da sie sonst die »Dolden«, beispielsweise nach Regen, nicht tragen, sondern sich neigen und abbrechen.

Erziehung eines Hochstämmchens

An dieser Stelle sei kurz geschildert, wie der Gärtner Pelargonienhochstämmchen erzieht.

— Sortenwahl von Efeu- oder Zonalpelargonien nach Wüchsigkeit, Blütenfüllung, Farbwünschen und eventueller Buntlaubigkeit

— Anfang Juni Stecklinge schneiden, die nach Möglichkeit keine Verzweigung aufweisen und bereits lange Internodien besitzen

— Sofortiges Stecken und Bewurzeln der Stecklinge

— Nach guter Bewurzelung (im Juli) je eine Jungpflanze bei Zonalpelargonien oder eine bis maximal drei von Efeupelar-

Einige Efeupelargonienpflanzen 'Ville de Paris' als Hochstämmchen

gonienjungpflanzen in einen 14- oder 16-cm-Topf pflanzen, der nährstoffreiches Substrat enthalten muß. Bei Efeupelargonien müssen alle Pflanzen dicht in die Mitte des Topfes gelangen. Sie können bei der Gestaltung des Stammes umeinander gewunden werden, damit erhöht sich die Stabilität des Stammes sehr.

Bei der Erziehung eines Pelargonienhochstämmchens wird durch mehrmalige Behandlung mit dem Bioregulator Gibberellinsäure das Spitzenwachstum verstärkt und der Austrieb der Seitenknospen gehemmt

— Etwa 10 Tage nach dem Topfen setzt die erste Behandlung mit dem Bioregulator Gibberellinsäure in einer Konzentration von 200 bis 250 mg/l Wasser ein. Gibberelline sind in allen höheren Pflanzen vorhanden und fördern vor allem das Zellstreckungswachstum und die Zellteilungsaktivität. Bedient man sich des Phytohormones Gibberellinsäure, so verstärkt man zusätzlich das Spitzenwachstum, außerdem wird der Austrieb von Seitenknospen gehemmt. Die Pelargonienblätter und der Sproß werden von oben her besprüht, wenn die Pflanze nicht ballentrocken ist, wenn keine direkte Sonneneinstrahlung herrscht bzw. in den späten Abendstunden.

Nach Abschluß der Gibberellinsäurebehandlung ist das Stutzen des Haupttriebes von entscheidender Bedeutung

Die Umgebungstemperatur für die Pflanzen sollte bei 20 °C liegen. Für 50 Pflanzen benötigt man ungefähr einen Liter Lösung. Falls Gibberellinsäurelösung nach dem Sprühen übrig ist, muß diese für weitere Behandlungen kühl bei etwa 5 °C aufbewahrt werden.

— Die zweite Behandlung und alle weiteren sind jeweils nach 10 Tagen durchzuführen. Die Anzahl richtet sich nach den Eigenschaften der gewählten Sorten und der gewünschten Stammhöhe. Meistens genügen vier bis sechs, nur in Ausnahmefällen sind acht Behandlungen notwendig.

— Während des Behandlungsrhythmusses (ab 30 cm Höhe) müssen die Pelargonien rechtzeitig mit einem Stab versehen und daran befestigt werden. Es empfiehlt sich, biegsame Ringe zu verwenden, um einen schnellen Wechsel während der Gestaltung zu ermöglichen.

Nach Vorhandensein des ersten Haupttriebes im Kronenbereich muß mit einem Wachstumsregulator das Längenwachstum gehemmt werden

— Es ist für genügend Licht zu sorgen, der anfängliche Abstand »Topf-an Topf« reicht nicht aus, man rechnet 16 Pflanzen pro Quadratmeter.

— Auf Schaderreger ist zu achten, notfalls sind entsprechende Behandlungen durchzuführen.

— Zu Beginn muß man sich entscheiden, ob später Bodentriebe zur Dekoration des Hochstammes und des Gefäßes erwünscht sind oder nicht. Wenn ja, werden sie kurzgeschnitten und belassen, wenn nicht, so schneidet man sie in Bodennähe heraus.

— Alle Seitentriebe werden sorgfältig und immer rechtzeitig ganz dicht am Haupttrieb von Hand ausgebrochen oder abgeschnitten.

— Die Bäumchenhöhe sollte zwischen 60 bis 80 cm liegen. Danach richtet sich die Behandlungsanzahl. Bei der Stammhöhe sollte auch an den Transport ins Winterquartier gedacht werden und an die gewünschte Auf- oder Ansicht zur Krone am Bestimmungsort.

— Ganz entscheidend für das Gelingen und für die Qualität des *Pelargonium*-Hochstammes ist das Stutzen (Begrenzen) des Haupttriebes.

Erfahrungsgemäß liegt der richtige Zeitpunkt Ende September/Anfang Oktober, die Gibberellinsäurebehandlung muß abgeschlossen sein. Damit ein Hochstämmchen eine schöne, kompakte Krone aufbauen kann, müssen ihm unbedingt natürliche Austriebe an den Blattachseln der letzten zwei bis drei Nodien belassen werden. Fehler zu dieser Zeit bei diesem entscheidenden Eingriff können nicht wieder gutgemacht werden, denn dabei wird der Grundstein für die Gestaltung des Kronenbereiches gelegt.

— Bis kurz vor Ende der Gestaltungsarbeit bzw. der einsetzenden Blütezeit wird gestutzt. Zonalpelargonien betrifft das ungefähr drei- bis fünfmal, d. h. daß nach jedem Laubblatt (bzw. -paar) die Triebspitze entfernt wird, allerdings müssen immer ein oder zwei »schlafende Augen« vorhanden sein.

— Sobald der erste Austrieb im Kronenbereich vorhanden ist, muß die Behandlung mit dem Wachstumsregulator Gartenbau-Cycocel (CCC) beginnen. Man wählt die Konzentration zwischen 0,3 und 0,5%.

Der Wirkstoff wird beim Sprühen über das Blatt oder beim Gießen über die Wurzel aufgenommen. Das Wirkungsprinzip beruht auf der Hemmung des Längenwachstums. Die Internodien bleiben kürzer und häufig dicker. Die Zahl der Laubblätter und Blüten wird nicht verringert. Die Behandlung mit Hemmstoffen führt gleichzeitig zu einer deutlich satteren, gesunden dunkelgrünen Blattfarbe. Diese Farbvertiefung des Blattgrüns ist auf dichtere Lagerung der Zellen zurückzuführen, dadurch erscheinen die Blätter lichtundurchlässiger und dunkler. Außerdem ist dem Gartenbau-Cycocel 5% Reinstickstoff beigegeben. Beim Sprühen des Hemmstoffes kann am Blattrand eine vorübergehende Blattaufhellung die Folge sein. Sie verliert sich ohne bleibende Schäden, wenn nicht ballentrockene Pflanzen und nicht bei direkter Sonneneinstrahlung behandelt wurde.

— Die Anwendung des Gartenbau-Cycocels kann bis viermal im Rhythmus von zehn Tagen bis Anfang März nötig sein. Die Wirkung des Bioregulators verliert sich in der Pflanze nach ungefähr drei bis vier Monaten.

— Die durch Gibberellinsäure sehr groß gewordenen Laubblätter (im Durchmesser bis 20 cm), die oft ihren sortentypischen Charakter ganz verlieren, kann man am Stamm entfernen, wenn sie unansehnlich werden.

— Befinden sich im Kronenbereich ungewöhnlich große Laubblätter, die dem Neuaustrieb Schatten bieten, sollte man einige von ihnen »herauspflücken« (entfernen), um so besser entwickelt sich die Krone.

— Bis März/April werden alle Blütenknospen entfernt.

— Mit der Halterung des Hochstammes steht oder fällt die Freude am Produkt. Wenn in das Endgefäß umgetopft wird, muß ein geeignetes Hilfsmittel zur Hand sein. Das kann ab September akut werden. Folgende Forderungen muß ein »Stammhalter« erfüllen: Der Ständer muß am oder im standfesten Endgefäß (etwa 7 l Substrat fassend) gut arretiert sein, er darf sich nicht korrosiv verhalten und soll

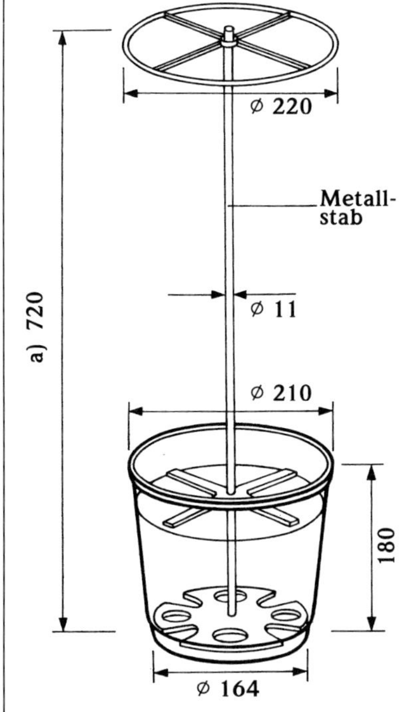

Beispiel für einen handelsüblichen Hochstammhalter, aus vier Teilen bestehend (Zahlenangaben in mm)

So erhält der Pelargonienstamm festen Halt, die Krone ist gegen Bruch gesichert

im Kronenbereich des Hochstammes eine waagerechte Halterung tragen können, worauf oder woran die Triebe Halt finden. Während des Gestaltens ist ein Hineinwachsen einzelner Triebe z. B. in den Ring möglich, später können sie gegen Windbruch auch daran befestigt werden.
Die Praxis bietet eine gute Lösung nicht nur für Pelargonienhochstämmchen, sondern auch als Gerüst für Schlinger oder Kletterpflanzen oder für Topftomaten für den Balkon.

Durch einfaches Zusammenstecken von vier Teilen erhält man eine stabile Stütze für jeden Hochstamm in 20-cm-Töpfen. Der Halter wird sofort beim Eintopfen in den Endtopf angebracht und gibt durch die Bodenplatte und den zusätzlichen Arretierungsstern dem Stamm einen festen Halt. Der obere Stützring am 72 cm (kürzer oder länger nach Wunsch) langen kunststoffummantelten Metallstab sichert die Stämmchenkrone gegen Bruch.

Will man sich als Hobbygärtner selbst ein Pelargonienstämmchen heranziehen und möchte bzw. muß auf Bioregulatoren verzichten, so kann das auch gelingen, wenn man etwas Geduld hat, für sehr gute Wachstumsbedingungen sorgt und einen Stamm akzeptiert, der bedingt durch dicht aufeinanderfolgende Nodien etwas zickzackartig wächst.

Besondere Pflegemaßnahmen

Ein Pelargonienhochstämmchen ist ein Produkt mit hohem Marktwert, das aber auf Dauer keine Freude macht, werden einige Pflegehinweise nicht eingehalten:

– Standort hell und windgeschützt,
– Topf eventuell in die gewachsene Erde versenken,
– Halterung kann gegen starken Windeinfluß mit Angelschnur o.ä. an einem feststehenden Gegenstand fixiert werden,
– regelmäßig düngen (z.B. wöchentlich mit zwei bis drei Gramm Volldünger pro Liter Wasser), reichlich gießen, ausputzen, auf Schaderreger achten, bei kühler Witterung keine Staunässe (z.B. im Untersetzer),
– vor dem letzten Frost im Frühjahr und dem ersten im Herbst schützen, d.h. Aufenthalt im Winterquartier,
– die Gefäße sollten wöchentlich um 180°gedreht werden, damit die Krone gleichmäßig rund ausgebildet bleibt.

Viele Efeupelargonien zur Pyramide gestaltet

Für kleine Pelargonienhochstämmchen mit einer Stammhöhe von ungefähr 40 cm eignen sich besonders die Angel-Pelargonien. Die Topfgröße von 16 cm genügt. Besonders interessant wirken die kleinen stiefmütterchenähnlichen Blüten folgender Angel-Pelargonien-Sorten: 'Mrs. G. H. Smith', 'Captain Starlight', 'Kleine Martha', 'Prince of Orange'.

Pyramiden

Pelargonien eignen sich auch für die Anzucht von Pyramiden. Bei der Wahl der Pelargoniensorte für solch ein langlebiges gärtnerisches »Unternehmen« sollte man auf gute Wüchsigkeit achten. Es gibt die sogenannten 'Irene'-Sorten aus Amerika, die nach 1942 gezüchtet bzw. als Sports entstanden. Diese Sorten-Gruppe hat sich in der Vergangenheit für Pyramiden geeignet. Sie wachsen schnell und nicht zu dicht für die Begegnung am Stab. Ihre Blütenstände werden von kräftigen Stielen getragen und die Einzelblüten sind edel. Bei Efeupelargonien kann man die Sorten der 'Ville de Paris'-Gruppe wählen, sie enttäuschen nicht. Als technisches Hilfsmittel kann eine handelsübliche Pflanzenspindel (etwa 60 cm hoch) Verwendung finden, die den Pflanzen Halt gibt. Auch drei gespreizte Stäbe, die am oberen Ende zusammengefügt sind, können als Gerüst dienen.

Im Gegensatz zu Hochstämmchen wählt man bevorzugt Jungpflanzen aus, die einen sichtbaren Austrieb besitzen und pflanzt drei bis fünf Pflanzen an den Rand eines Gefäßes, das ungefähr einen Durchmesser von 20 cm aufweist. Wenn die Nebentriebe oft leicht entspitzt werden, d. h. nach einem Blatt oder -paar wird die Triebspitze entfernt, bildet sich ohne Einsatz von Bioregulatoren eine Pyramide. Das Anbinden oder Anringen der Triebe ist eine Maßnahme, die zur Gestaltung dazugehört. Sie erhöht gleichzeitig die Stabilität besonders älterer Pflanzen, z. B. mit schweren Blütenständen.

Damit eine Pyramide aus Zonal- oder Efeupelargonien lange ansehnlich bleibt, ist dafür zu sorgen, daß sie nicht von unten her verkahlt. Das kann vermieden werden, indem die Blätter ohne Schadbefall bleiben, kein Trockenschaden Einbuße der Laubblätter bringt und optimale Wachstumsbedingungen herrschen. Der Blütenflor kann im ersten Jahr sehr hoch sein, wenn an den Pflanzen genügend Möglichkeiten der Knospenbildung belassen werden. Das Überwintern der Pyramiden ist ähnlich denen der Hochstämmchen, allerdings ist der Rückschnitt sehr behutsam vorzunehmen. Große Aufmerksamkeit ist dem Ausputzen der Blätter zu schenken. Die Pyramiden verkahlen von innen her sehr leicht, sie sind wesentlich pflegeaufwendiger als Hochstämmchen.

Großpflanzen

Bestimmte Pelargoniensorten eignen sich gut als Großpflanzen in Kübeln. Einige Mutterpflanzenbetriebe verkaufen am Ende der Jungpflanzensaison sehr attraktive Pelargonien als »Büsche« in großen Gefäßen (ab 14 cm). Dabei kann es sich um ehemalige Mutterpflanzen, sogenannte Stecklingslieferanten handeln. Dagegen ist nichts einzuwenden, wenn sie gut formiert und ernährt sind. Solche Exemplare sind in der Lage, über und über zu blühen, tragen sie doch die Knospenanlagen am »Traggerüst«, das beim Stecklingeschneiden wohlbedacht aufgebaut wurde.

Diese Pflanzen können in Kübeln und Gefäßen als Dauerblüher beispielsweise auch auf Terrassen ein wichtiges Gestaltungselement sein.

Zur Großpflanze eignet sich fast jede wüchsige Sorte, nur muß sie gut formiert werden, sonst besteht die Gefahr, daß sie »auseinander« fällt. Läßt ihre Verzweigung zu wünschen übrig, kann z. B. nach starken Regengüssen der scheinbar geschlossene Aufbau zerstört sein. Sie klafft auseinander. Deshalb sollte zu Beginn der Gestaltung häufig entspitzt werden. Auch ein regelmäßiges Drehen der Großpflanzen ist ratsam, sonst geht der Eindruck verloren, daß sie rundherum blüht.

Handelt es sich um ein Exemplar im Gefäß, hat dieses mehr Wurzelraum, und das Wasserspeichervermögen läßt die Pflanze besser gedeihen. Gut gepflegte Pelargonien können sehr alt werden. So besaßen beispielsweise Dresdner Gärtnereien Anfang der 70er Jahre noch Pelargonienmutterpflanzen aus der Zeit des Zweiten Weltkrieges, die sie regelmäßig umtopften, pflegten und beernteten.

Ampeln

Pelargonium-Peltatum-Hybriden eignen sich gut für Ampeln, weil sie einen hängenden oder leichtüberhängenden Pflanzenaufbau (Habitus) aufweisen. Auch Halbpeltaten können für Ampeln das Richtige sein.

***Pelargonium-Peltatum*-Hybriden siehe auch Sortenbeschreibungen ab Seite 68**

Das richtige Gefäß

Blumenampeln bestehen aus mehreren Einzelteilen. Im Handel befinden sich ganz unterschiedliche Modelle. So gibt es Varianten, wo Topf und Untersetzer aus einem Stück gefertigt sind. Sie lassen sich

Die Efeupelargonie 'Mexicanerin' als Ampelschmuck

gut beim Füllen mit Substrat handhaben. Die Belüftungskanäle verhindern eine Vernässung des Wurzelballens und sorgen für eine gute Belüftung des Kultursubstrates. Die Aufhänger lassen sich sofort nach dem Verpflanzen leicht einsetzen. Ein anderes Modell besitzt z. B. einen integrierten Wasserspeicher, der einen idealen Stauraum für Wurzeln und Wasser darstellt. Dieses neuartige Wasserreservoir unterhalb des Substrates gewährleistet eine bessere Ernährung und eine ausgeglichenere Wasserversorgung bei Abwesenheit auch über das Wochenende. Die Konstruktion der Ampel mit Überlauf verhindert eine Vernässung des Substrates.

Blumenampeln werden in formschönen Designs und verschiedenen, ansprechenden Farben angeboten. Bei der Wahl der Ampelfarbe ist unbedingt an die Bepflanzung zu denken und in welche Nachbarschaft mit anderen Ampeln sie plaziert werden sollen. Es empfiehlt sich, eine einheitliche Farbe für alle Blumenampeln zu wählen, auch wenn sie ganz unterschiedliche Pflanzenarten beherbergen. Ein Kunterbunt an Gefäßen ist nicht von Vorteil. Die handelsüblichen Farben sind hell- und dunkelbraun, dunkelgrün und weiß. Möglich sind auch tonfarbige bzw. schwarze Blumentöpfe, die zur Ampel mit Aufhängern umfunktioniert werden können.

Im Gegensatz zur Pflanzung in Kästen oder Kübeln sollten Blumenampeln nur mit einer Efeupelargoniensorte bepflanzt werden

Blumenampeln sollten immer frei hängen.

Wenn sich Pflanzen verschiedener Ampeln berühren, kann der Anblick sehr beeinträchtigt sein. An den Berührungsstellen fehlt es an Licht und Luft und nicht selten entstehen Schäden an den Pflanzen. Blätter können vergilben oder viel weniger Blütenknospen entwickeln.

Pflanzung

Zieht man sich Pflanzen für Ampeln selbst in Gewächshäusern oder sehr hellen Wintergärten heran, so ist es ratsam, sie jede Woche um 180 Grad zu drehen, damit ein gutes Pflanzenwachstum rundherum möglich ist.

Bei Blumenampeln kann nicht zur bunten Bepflanzung mit verschiedenen Pflanzenarten oder Sorten geraten werden. Die Ausgeglichenheit wäre auf jeden Fall gefährdet. Man sollte darauf achten, daß bei mehreren Pflanzen in der Ampel nur eine Efeupelargoniensorte verwendet wurde. Denn gerade bei hängenden Pelargonien gibt es große Unterschiede in der Trieblänge.

In jedem Fall sollten vergießfestes Substrat und große Ampeln (etwa 5 l Volumen, Durchmesser 25 cm) gewählt werden. Kleinere Ampeln führen an heißen Tagen zu Problemen mit der Wasserversorgung. Für geschützte und sonnige Standorte hat sich die Aufhängung in Augenhöhe bewährt. Nur bei sachgemäßer Wasser- und Nährstoffversorung sowie regelmäßigem Ausputzen verblühter Pflanzenteile und Entfernen unansehnlicher Blätter, blühen die besten Sorten in voller Pracht von Mai bis Oktober ohne Pause.

Bepflanzte Ampeln werden vom Handel angeboten. Man kann jedoch auch seine eigenen, gereinigten Ampeln vom Vorjahr wieder verwenden. Dabei empfiehlt es sich, praxisüblich vorkultivierte hängende Pelargonien (d.h. eine, drei oder fünf je Gefäß) so zu pflanzen, daß die Aufhängung zwischen die Pflanzstellen kommt. Ansonsten werden die Triebe in ihrer Entfaltung anfänglich behindert. Beabsichtigt man die Ampel sehr niedrig aufzuhängen, so daß die Aufsicht gewahrt ist, sollten bei der Wahl mehrerer Exemplare je Ampel die Pflanzen weit in die Mitte des Gefäßes gelangen, weil sonst die Gefahr der verkahlten Mitte besteht.

Überwinterung

Damit der Wunsch nach besonderen Pelargonienformen wie Hochstämmchen, Pyramiden oder Großpflanzen als »mobiles Grün« für Balkone und Terrassen erfüllt werden kann, muß für viele Pflanzenliebhaber das Problem der Überwinterung geklärt sein.

Manche Gärtnereien bieten ihren Kunden bereits für den Winter oder während des Urlaubs diesen Pflegeservice bzw. ein Überwinterungsquartier an. Ärger gibt es aber dann, wenn »Gastpflanzen« in der Gärtnerei – aus welchen Gründen auch immer – nicht überleben. Deshalb muß vorher die finanzielle Schadensregelung festgelegt sein. Ein Übernahme-Protokoll kann Bestandteil des Aufbewahrungs-Vertrages sein.

Bonsai

Pelargonien, besonders Wildarten und einige Hybriden eignen sich hervorragend als Zimmerbonsai (Indoor).

Die über zweitausend Jahre alte Gartenkunst der Chinesen gibt uns heute Anregung, Pelargonienarten und -hybriden im Gefäß zu gestalten. Die Pelargonien sind gegenüber kleinblättrigen Feigenbaumarten *(Ficus)* und Zypressen für zentralgeheizte Räume bei hellem Standort sehr gut geeignet, weil sie nur wenig Luftfeuchtigkeit benötigen. Außerdem lassen sie sich relativ einfach zu Bonsais erziehen, weil sie von Natur aus oft einen ungewöhnlichen Wuchs und relativ kleine Laubblätter besitzen, sowie vielfältige Blütenformen und Samenansätze hervorbringen. Das Geheimnis des Miniaturwachstums der Pflanze wird vor allem durch die Begrenzung des Wurzelraumes in einem kleinen Gefäß und durch das regelmäßige Einkürzen des Sprosses und/oder der Triebe und Wurzeln erreicht.

Erst vier Jahre alter Bonsai von *Pelargonium cortusifolium*

Pelargonien für Zimmerbonsai

Pelargonium abrotanifolium	Eberrautenblättrige Pelargonie
P. alternans	(lat. alternus = abwechselnd belaubt)
P. betulinum	Birkenblättrige Pelargonie
P. cortusifolium	(lat. cortusifolium = mit Blättern wie Cortusa, Glöckel
P. crispum 'Major' und 'Variegatum'	Krausblättrige Pelargonie
P. crithmifolium	Meerfenchelblättrige Pelargonie
P. denticulatum	(lat. denticulatus = fein, gezähnt)
P. echinatum	Stachelstämmige Pelargonie
P. 'Filicifolium'	(lat. filicifolius = farnblättrig)
P. craveolens 'Lady Plymouth'	(lat. graveolens = stark duftend) Rosenpelargonie
P. hirtum	Weichhaarige Pelargonie
P. quercifolium	Eichenblättrige Pelargonie
P. radens	Raspelblättrige Pelargonie
P. reniforme	Nierenblättrige Pelargonie
P. scabrum 'Marble Grey'	Rauhblättrige Pelargonie

Pflanzenmaterial

Jungpflanzen-anzucht siehe Seite 26

Als Ausgangsmaterial eignen sich vor allem Arten und Hybriden, die kleinblättrig sind, sich gut verzweigen, schnell einen dicken Sproß (Stamm) bilden und kurze Internodien haben. Die Jungpflanzen zieht man im Sommer durch Stecklinge oder durch Samen im Frühjahr.

Standort

Alle aufgeführten Pelargonienarten sind frostempfindlich und können im Sommer auf Balkonen, Außenfensterbänken oder Terrassen gehalten werden. Rechtzeitig vor dem ersten Frost muß an das Einräumen der Pflanzen gedacht werden.

Pflege

Bei der Pflege der Bonsaipflanzen ist zu beachten, daß im Sommer reichlich gegossen wird, im Winter je nach Temperatur sparsamer. Junge Exemplare sind im Frühjahr jährlich umzutopfen, ältere dagegen nur alle zwei bis drei Jahre. Für das Umtopfen sollte eine Erdmischung verwendet werden, die einen Teil lehmigen Ton, zwei humose Teile (z. B. Torf), zwei Teile Kies (Durchmesser 1 bis 4 mm) und verschiedene organische Dünger, wie Hornspäne, Blutmehl, Rapsschrot oder Knochenmehl enthält. Ungefähr die Hälfte der Erde wird jeweils ausgetauscht. Im Frühjahr und Sommer muß regelmäßig flüssig nachgedüngt werden, denn nur optimal ernährte Pelargonien bilden zahlreiche Triebe, die als Voraussetzung für alle Schnittmaßnahmen benötigt werden.

Bonsais sind keine »Hungerbäumchen«

Die laienhafte Ansicht, Bonsais seien »Hungerbäumchen«, ist falsch.

Nur wenigen Pflanzenliebhabern ist es vergönnt, das Vorbild in der Natur zu beobachten (z. B. in Südafrika), deshalb sind als Vorlage Abbildungen nötig und eine besondere Beobachtungsgabe für das Begreifen des Aussehens der speziellen Art. Das Gefäß ist in Größe, Form und Farbe dem Habitus der Pflanzen anzupassen.

An jungen Pflanzen beläßt man bis zur gewünschten Höhe den Haupttrieb und kürzt dann erst ein. Obere Nebentriebe können durch vorsichtiges Biegen nach unten und/oder sachgemäßes Drahten zur Gestaltung dienen, während untere je nach Gestaltungsform ausgelichtet, ganz entfernt und auf ein bis fünf Laubblätter begrenzt werden. Dabei sind folgende Regeln zu beachten: Vermieden werden sollen Triebe, die sich direkt gegenüberstehen, nach vorn zum Betrachter weisen, auf gleicher Höhe oder direkt übereinander wachsen, senkrecht nach oben oder unten zeigen, den Haupttrieb kreuzen oder parallel verlaufen.

Grundsätzlich wird immer oberhalb einer Blattanlage schräg zu ihr geschnitten, da alle Triebteile, die über der Anlage stehen bleiben, nicht mehr mit Nährstoffen versorgt werden und später absterben können.

Der Wurzelschnitt muß entsprechend dem ausgewogenen Sproß-Wurzel-Verhältnis am besten im Frühjahr ausgeführt werden, damit die Wüchsigkeit der Pelargonie gewahrt bleibt.

Nach allen Schnittmaßnahmen dürfen die Pflanzen ungefähr zwei Wochen lang nicht in die direkte Sonne, es sollte nicht gedüngt und mit Bedacht gegossen werden.

Eine spontane Verbänderung liegt diesem seltenen Pelargonien-Bonsai zugrunde

Duftpelargonien

Duftpelargonien nehmen unter den Pelargonien einen besonderen Platz als Zimmerpflanzen ein. Es sind fast immer Wildarten, die züchterisch kaum bearbeitet wurden. Sie werden auch als Rosen- oder Zitronenpelargonien bezeichnet. Betastet man ihre Laubblätter, wird der Duft wahrnehmbar, denn sie besitzen Drüsenhaare, die ätherisches Öl absondern. Es ist nicht ratsam, die Blätter mit den Fingern zu zerreiben, wie man es bei Geruchsproben mit Minze oder Melisse gewohnt ist, weil dann ein grasartiger, sehr starker Geruch aus der Tiefe des Blattes freigesetzt wird, der die feinen Duftnoten überdecken kann.

Das Bewußtsein des Menschen für seine Umwelt steigt wieder und damit auch das Interesse für Düfte und Geschmacksrichtungen natürlicher Herkunft. Weil Duftpelargonien häufig keinen Farbkontrast bieten, fallen sie dem Betrachter oft nicht auf. Bei Pelargonien kann man z.B. die Duftnoten von Zitrone, Balsam, Apfelsine, Rose, Muskat, Pfefferminze, Eukalyptus, Zedernholz, Ingwer, Zitronenmelisse, Apfel, Waldmeister und viele andere, z.T. nicht so einfach zuordenbare Duftnoten feststellen.

Historisches

Schiffsreisende Engländer und Holländer brachten im 18. Jahrhundert während der Kolonialzeit eine Vielzahl von duftenden Pelargonien mit nach Hause. In der Mitte des 19. Jahrhunderts war es in England eine Modeerscheinung, Duftpelargonien zu besitzen. Noch heute gibt es in Großbritannien viele Liebhaber mit beträchtlichen Sammlungen an Pflanzen von Duftpelargonien.

Oft glückten Hobbyzüchtern und Gärtnern gezielte Kreuzungen mit duftenden Wildarten. Es entstanden zahlreiche Hybriden mit besonderen Duftnoten.

In den letzten Jahren befaßten sich nur wenige Gärtner kommerziell mit der Produktion von Duftpelargonien. Viele Wild-

Die Blätter von *Pelargonium quercifolium* erinnern an Eichen *(Quercus)*, sie gehört zu den Duftpelargonien

arten sind halbsukkulent und bilden in ihrer südafrikanischen Heimat Halbsträucher. Sukkulente sind Pflanzen aus trockenen Gebieten mit einem besonderen Wassergewebe in Wurzeln, Blättern oder im Sproß. Alle Duftpelargonien besitzen ein sehr gutes Regenerationsvermögen und sind sehr widerstandsfähig gegenüber Trockenheit. Aus diesen Gründen haben sie bis zum heutigen Tag überlebt, obwohl sie zeitweilig wenig oder keine Beachtung durch den Menschen erfuhren. Neuerdings trifft man sie häufiger im Wohnbereich und am Arbeitsplatz an. Auch für Wintergärten bieten sie sich an.

Duftpelargonienhybriden im Überblick

Sortenbezeichnung	Duftnote bzw. Geschmacksrichtung
'Attar of Rose'	Rose
'Betty Hülsmann'	Zitrone
'Chlorinda'	Zedernholz und Eukalyptus
'Lady Plymouth'	Rose und Minze
'Lemon Rose'	Zitrone und Limone
'Marbel Grey'	Zitrone
'Prince of Orange'	Apfelsine
'Queen of Lemon'	Limone
'Rober Lemon'	Zitrone
'Scarlet Pet'	Mohrrübenkraut
'Snowflake'	Pfeffer
'Sunburst'	Zitronenmelisse
'Toronto Ginger'	Ingwer

Kultur und Pflege

Duftpelargonien sollten stets in der Nähe des Besitzers stehen, z.B. am Fenster, beim Sitzplatz, am Hauseingang oder auf dem Balkon. Im Sommer lieben sie auch einen sonnigen, warmen Standort. Man kann sie im Gefäß belassen oder auspflanzen. In letzterem Fall schneidet man sie im Herbst zurück, kürzt die Wurzeln etwas und topft sie vor dem ersten Frost wieder ein. Sehr empfindlich sind sie gegen stauende Nässe und gegen Kälte. Ihnen fehlt jeglicher Knospenschutz, den z.B. die Kamelie besitzt. Während der lichtarmen Zeit ist das Wachstum stark eingeschränkt. Sie sollten innerhalb dieser Ruhezeit kühl und sehr hell stehen und wenig Wasser bekommen. Ungeschnitten können manche Duftpelargonien sehr groß werden.

Es ist möglich, *Pelargonium radens* an einem Spalier zu ziehen und auf diese Weise eine sonnige Wand unter Glas zu bedecken.

Immer öfter halten Duftpelargonien Einzug in den Wohnbereich, weil sie attraktiv aussehen, Düfte verbreiten und viele Monate hintereinander reizvolle kleine Blüten bilden. Sie sind bei ausreichendem Licht auch unter bzw. hinter Glas im Sommer in der Lage, Früchte auszubilden.

Das geerntete Saatgut kann man nach entsprechender Behandlung selbst aus-

Weitere Informationen zu Kultur und Pflege siehe auch Seite 32

Duftpelargonien im Überblick

Botanischer Name	Duftnote	Blütenfarbe	Blattmerkmale
Pelargonium asperum	Waldmeister	rosa	rauh
P. auritum	Apfelblüte	weiß o. rosa	samtig behaart
P. capitatum	Rose (süßlich)	karminpurpur, geadert	samtig behaart
P. cordifolium	Apfelsine	purpurrosa, geadert	helle Unterseite
P. crispum	Zitrone	violett	gekräuselt
P. fragrans	Muskatnuß	weiß (klein)	silbergrün
P. graveolens	Rose	lila mit dunklen Malen	tief gelappt
P. odoratissimum	Apfel-Minze	weiß (klein)	apfelgrün, behaart
P. quercifolium	Balsam (stechend)	purpur bis helllrot mit dunklen Malen	tief eingeschnitten, rauh und klebrig
P. radens	Zitrone	hellpurpur	tief gelappt
P. tomentosum	Pfefferminze	weiß, rot geadert	silbergrün, samtig behaart
P. vitifolium	Balsam	hellrosa, violett gestreift	herzförmig, rauh

Blüten sind bei *Pelargonium radens* als Duftpflanze eine echte Zugabe für den Blumenfreund

säen. Aus Samen gezogene Duftpelargonien sind besonders wüchsig und in der ersten Zeit auffällig gut verzweigt. Um sie aber klein zu halten und auf Dauer eine gute Verzweigung zu bewirken, können sie nach Belieben zeitlich unbeschränkt stark zurückgeschnitten werden, nur sollten an ihnen immer noch einige Laubblätter verbleiben. Wenn Pelargonien vegetativ vermehrt werden, schneidet man die Stecklinge im Frühjahr oder zeitigen Sommer. Am besten eignen sich Kopfstecklinge zur Bewurzelung. Ein Bewurzeln im Glas mit Wasser empfiehlt sich im Gegensatz zu vielen anderen Zimmerpflanzen nicht.

Ausführliche Beschreibung der vegetativen Vermehrung ab Seite 29

Verwendung für besondere Zwecke

Einige Duftpelargonien werden zur Gewinnung des Geranienöls, das hauptsächlich aus Geraniol und Zitronenöl besteht, im großflächigen Freilandanbau des Südens genutzt (z. B. in Frankreich, Algier und in der Nähe des Pamirs), um das teure Rosenöl bei der Parfümherstellung zu ersetzen. Dieses ätherische Öl wurde 1819 in Lyon das erste Mal durch Wasserdampfdestillation gewonnen. Die Duftelemente setzen sich aus vielen, sehr verschiedenen chemischen Bestandteilen zusammen.

Das industriell gewonnene Geranienöl wird vor allem aus den Blättern der Arten *Pelargonium odoratissimum, P. radens, P. capitatum* und *P. graveolens* gewonnen.

Auf Ausstellungen und in Botanischen Gärten sind immer häufiger Duft- und Tastgärten anzutreffen. Die Gestalter denken dabei auch an blinde und sehschwache Menschen, die aber fühlen, berühren und Gerüche wahrnehmen können. Für diesen guten Zweck bieten sich Duftpelargonien besonders während des Sommers im Freien an. Auch sind sie in Räumen von Sanatorien gut plaziert. Asthmatiker verspüren Erleichterung, wenn ihnen z. B. Duftnoten wie Eukalyptus oder Pfefferminze entgegenströmen. Die Duftpelargonien werden nicht nur als Gewürz zum Backen und Kochen, sondern auch in der Pharmazie und Kosmetikindustrie verwendet.

Die Völker in Afrika benutzen diese duftenden Pflanzen zur Abwehr von Insekten. In unseren Breiten kann z. B. bei einer sehr schönen, weiß-bunten Hybride der Art *Pelargonium graveolens* 'Lady Plymouth' beobachtet werden, daß Fliegen und Mücken den Duft meiden, der bei hohen Temperaturen auch ohne Berührung der Blätter entweicht. Es genügen meistens zwei bis drei gut entwickelte Duftpelargonien auf einer 10 qm großen Wohnfläche.

Duftpelargonien und aus ihnen entstandene Bastarde (Hybriden) werden auf großen Flächen, z. B. in Südeuropa, auf der Insel Reunion im Indischen Ozean, in verschiedenen afrikanischen Ländern und in der Nähe des Pamirs (Tadshikistan) wegen ihres Gehaltes an ätherischen Ölen angebaut. Sie können zur Linderung bei Ruhr und Durchfall, als Mittel gegen Insektenstiche, für »Rosenseifen«, Haarwaschmittel, Gesichtswasser, Massageöl und Duftpotpourris, für Salben der Nasen- und Ohrheilkunde und nicht zuletzt als Gewürzpflanze für Speisen (z. B. Konfekt, Marmelade, Gelee, Pudding, Getränke, Fleischgerichte u. a.) außergewöhnlich Verwendung finden.

Werden Teile der Pelargonie zum Verzehr angebaut, so muß man betonen, daß sie nicht mit Pflanzenschutzmitteln behandelt werden dürfen, wie es im Zierpflanzenbau üblich und erlaubt ist.

Im folgenden werden einige Rezepte für Feinschmecker vorgestellt, die etwas Ungewöhnliches verzehren möchten und Pelargonien als Gewürzpflanze selbst kultivieren wollen.

Apfelgelee

In England ist die Verwendung von *Pelargonium scabrum* zur Apfelgeleeherstel-

Pelargonium capitatum gehört zu den Duftpelargonien, sie enthält Geraniolöl

lung genauso gebräuchlich wie in anderen Ländern Zitronenmelisse, Salbei, Basilikum oder Minze. Gern verwendet man säuerliche Äpfel und bereitet nach bewährten Rezepturen das Gelee. Bevor dieses erstarrt, rührt man entweder die feingehackten Pelargonienlaubblätter darunter, oder legt pro Glas einen gewaschenen, gut abgetropften Zweig ins Gelee.

Irischer Fruchtsalat

Irischer Fruchtsalat wird aus Früchten entsprechend der Jahreszeit bereitet. Gehackte Walnüsse verfeinern den Geschmack. Puder- oder Vanillezucker nach Bedarf. Abgeschmeckt wird mit gehackten Blättern von *Pelargonium graveolens* oder *Pelargonium radens*. Salat gut gekühlt und mit Schlagsahne servieren. Außerdem Ananasscheiben mit einem Teelöffel voll feingehackter Blätter von *Pelargonium tomentosum* (Pfefferminzgeschmack) vor dem Kühlen hinzufügen. Das ergibt eine ungewöhnliche Geschmacksrichtung.

Bratäpfel

Bratäpfel mit Pelargonienblättern sind eine besondere Nachspeise: Für jeden Apfel rechnet man einen Teelöffel voll feingehackter Blätter von *Pelargonium odoratissimum* oder *Pelargonium fragrans*. Das Kerngehäuse sticht man aus und füllt sie mit einer Mischung von Sultaninen, Kokosnuß, Trauben und Pelargonienblättern. Obenauf legt man ein Blatt. Um beim Backen der Äpfel ein Platzen der Früchte zu vermeiden, ritzt man sie rundherum einmal dünn an. Die Äpfel serviert man heiß mit Schlagsahne, Sirup oder Vanillesoße. Das aufgelegte Pelargonienblatt wird beim Backen knusprig und mit verzehrt.

Rosenöl-Biskuit

Rosenöl-Biskuit wird nach dem üblichen Grundrezept für zwei Biskuitböden hergestellt. Das besondere dabei sind pro Boden etwa vier mittelgroße Blätter der Pelargonien-Hybride 'Attar of Roses' oder der Wildarten *Pelargonium graveolens* bzw. *Pelargonium radens*. Die Laubblätter werden auf die gut gefetteten und bemehlten Kuchenformen gelegt und mitgebakken. Bei mittlerer Backofenhitze besteht nicht die Gefahr, daß sie verbrennen. Nach dem Backen werden die Blätter erst von den umgestülpten Böden entfernt, wenn die zwei Biskuitböden mit einer Schicht Schlagsahne zusammengefügt werden sollen. Der Kuchen, der das Aroma der Blätter aufgenommen hat, wird mit Puderzucker versehen.

Lammkotelett in Aspik

Lammkotelett in Aspik wird aus einem Kilo Nackenfleisch, einer Portion Suppengrün, $\frac{1}{2}$ Liter Brühe, zwei Eiklar, einem Teelöffel Essig, 20 g Gelatine und einer Handvoll Blättern von der sehr weich behaarten Wildart *Pelargonium tomentosum* bereitet. Dazu passen frische Kartoffeln und Karotten zur Verzierung. Das Fleisch wie üblich weich kochen und die Koteletts auslösen. Die Hälfte der Blätter mit der Brühe, der Gelatine, dem Eischnee und dem Essig unter ständigem Rühren erhitzen, bis zehn Minuten ziehen lassen und durch ein feines Sieb passieren. Den Rest der Blätter feinhacken und der erstarrenden Gallerte hinzufügen. Einen Teil vom Aspik gießt man in ein noch feuchtes Gefäß, bevor die Koteletts darin ausgelegt werden. Den Rest der Aspikflüssigkeit auffüllen, leicht kühlen, später stürzen und mit Gemüse verzieren.

Literaturverzeichnis

Harney, P. M.: The Origin, Cytogenetics and Reproductive Morphology of the Zonal Geranium. A Review. Hort. Science, Alexandria 11., 189 ... 194, 1976.

Hegi, G.: Illustrierte Flora von Mittel-Europa, Bd. IV, 3. Teil, J. F. Lehmanns Verlag, München 1909 bis 1912.

Kawollek, W.: Handbuch der Pflanzenvermehrung. VEB Deutscher Landwirtschaftsverlag, Berlin 1987.

Knuth, R.: Geraniaceae. In Engler-Harms: Die natürlichen Pflanzenfamilien. Bd. 19 a, Verlag Engelmann, Leipzig, 43 ... 51, 1931.

Mastalerz, J.W. und Holcomb, E.J.: Geraniums. A manual on the culture of geraniums as a greenhouse crop. Pennsylvania Flower Growers 1982.

The Oakleigh Guide ot Geraniums (Pelargoniums). Oakleigh Publication, Monkwood, Alresford, Hants, England 1986.

Rünger, W.: Licht und Temperatur im Zierpflanzenbau. Verlag Paul Parey, Hamburg und Berlin 1976.

SGF Schriftenreihe zur Förderung des Gartenbaus: Topfpflanze Nr. 1: Pelargonien. Heft 17, Verlag Dr. Rudolf Georgi, Achen 1985.

Stahl, M. und Umgelter, H.: Pflanzenschutz im Zierpflanzenbau. Eugen Ulmer, Stuttgart 1976.

Thomas, E. und Thomas, H.: Unsere Balkonpflanzen. Verlag für die Frau, Leipzig 1988.

Tips on Growing Zonal (Vegetatively Propagated) Geraniums. Ohio Cooperative Extension Service. The Ohio State University 1988.

Van der Walt, J. J. A. und Vorster, P. J.: Pelargoniums of Southern Africa. Purnell, Cape Town, Johannesburg, London, Vol. 1 1977, Vol. 2 1981 und Vol. 3 1988.

Webb, J.W.: The Pelargonium Family. Croom Helm London und Sydney 1984.

Bildquellen

Fotos

Hofmann, C., Dresden
S. 29, 32, 41, 65, 68, 69

Knipping, W., Niederlande
S. 70, 71 (oben und unten)

Kunath, W., Dresden
S. 14 (oben und unten), 15, 18, 19, 21, 22, 35, 37, 56, 57, 58, 59, 60, 61, 62, 63 (oben und unten), 64, 66 (oben und unten), 67, 72, 81, 83, 84, 87

Lehmann, I., Kippenheim
S. 6, 8, 16, 17, 49, 75, 78, 80

Morell, E., Dreieich
S. 2, 6, 10, 20, 24, 43, 44, 48, 51, 54, 73

Reinhard, H., Heiligkreuzsteinach
S. 23, 50, 74, 86

Seidl, S., München
S. 26, 45

Zeichnungen

Halwaß, E., Nossen, nach Vorgaben der Autorin

Register

Die lateinischen Namen sind kursiv gedruckt. Die Seitenzahlen von Fotos und Zeichnungen sind halbfett.

SOVIEL SCHÖNES

Schöne Orchideen. Von Alfons Bürger. 96 Seiten, 55 Farbfotos und 11 Zeichnungen. Kt. Die vorliegende Auswahl umfaßt Orchideen, die sich → **mit den klimatischen Verhältnissen auf der Fensterbank zufrieden geben.** Es wird unterschieden, welche der beschriebenen Arten eher für den erfahrenen Orchideenhalter und welche für den Anfänger geeignet sind. ISBN 3-8001-6428-0

Schöne Kakteen. Von Prof. Dr. Gerhard Gröner und Dr. Erich Götz. 96 Seiten, 65 Farbfotos und 10 Zeichnungen. Kt. → **Zwei erfahrene Kakteenkenner** stellen hier ihre Auswahl der schönsten und besten Kakteen für das Zimmer vor. Bei der Beschreibung der Gattungen und Arten werden fünf Pflegetypen unterschieden. ISBN 3-8001-6430-2

Schöne Miniatur-Wassergärten. Von Ruth Kohle. 96 Seiten, 53 Farbfotos und 26 Zeichnungen. Neben vielen → **Gestaltungsideen** gibt das Buch praktische Anleitungen zur Anlage eines Miniatur-Wassergartens und stellt die speziell dafür geeigneten Sumpf- und Wasserpflanzen vor. Eingehend wird das Algenproblem besprochen. ISBN 3-8001-6478-7

Schöne Steingärten. Von Hermann Fuchs. 112 Seiten, 56 Farbfotos und 26 Zeichnungen. Kt. Sachgerecht aus geeignetem Gesteinsmaterial aufgebaut, bietet ein Steingarten → **Heimstatt für allerlei Pflanzenschätze.** Sorgfältige Planung und Ausführung sind wichtig. ISBN 3-8001-6441-8

Schöne Blumenrabatten. Von Garry Grueber. 96 Seiten, 59 Farbfotos und 13 Zeichnungen. Kt. Hier finden sich für → **jeden Geschmack** und für **jede Jahreszeit** Vorschläge zur Gestaltung hübscher Rabatten. Jedes Rabattenthema enthält einen detaillierten Pflanzplan als Anregung. ISBN 3-8001-6455-8

Schöne Kübelpflanzen. Von Ulrike Preißel und Dr. Hans-Georg Preißel. 95 Seiten, 72 Farbfotos und 4 Zeichnungen. Kt. Beschreibung von → **mehr als 80 der schönsten Gattungen und Arten.** Übersichtliche Angaben zu Düngung, Schnitt, Vermehrung und Überwinterung. Die Mobilität der Pflanzen ermöglicht vielerlei Verwendungen. ISBN 3-8001-6456-6

Schöne Troggärten und bepflanzte Steine. Von Dr. h. c. Fritz Köhlein. 100 Seiten, 44 Farbfotos und 25 s/w-Abbildungen. Kt. Der Autor, der über → **eine langjährige Erfahrung** im Gestalten von Troggärten verfügt, zeigt die verschiedenen Möglichkeiten der mobilen Gärten auf. Sammlungen kleiner Kostbarkeiten. ISBN 3-8001-6389-6

Erhältlich in Ihrer
Buch(Fach)handlung oder beim
Verlag Eugen Ulmer
Postfach 70 05 61, 7000 Stuttgart 70

E.U.
VERLAG
EUGEN
ULMER